Q文庫

什么是聪明？

悩んでなんぼの青春よ

[日]森毅 / 著
徐菁菁 / 译

NAYANDE NAMBONO SEISHUNYO by Tsuyoshi Mori
Illustrated by Natsuko Suyama
Copyright © Tsuyoshi Mori, 2021
Original Japanese edition published by Chikumashobo Ltd.
This Simplified Chinese edition published by arrangement with Chikumashobo Ltd., Tokyo, through Tuttle-Mori Agency, Inc.
Simplified Chinese translation copyright © 2024 by United Sky (Beijing) New Media Co., Ltd.
All rights reserved.

图书在版编目（CIP）数据

什么是聪明？/（日）森毅著；徐菁菁译. – 贵阳：贵州人民出版社，2024.1
（Q 文库）
ISBN 978-7-221-18168-8

Ⅰ. ①什… Ⅱ. ①森… ②徐… Ⅲ. ①青春期 – 心理健康 – 健康教育 Ⅳ. ① G479

中国国家版本馆 CIP 数据核字 (2023) 第 255698 号

SHENME SHI CONGMING ?
什么是聪明？
[日] 森毅 / 著
徐菁菁 / 译

选题策划	轻读文库	出 版 人	朱文迅
责任编辑	刘旭芳	特约编辑	李芳铃

出 版	贵州出版集团　贵州人民出版社
地 址	贵州省贵阳市观山湖区会展东路 SOHO 办公区 A 座
发 行	轻读文化传媒（北京）有限公司
印 刷	北京雅图新世纪印刷科技有限公司
版 次	2024 年 1 月第 1 版
印 次	2024 年 1 月第 1 次印刷
开 本	730 毫米 × 940 毫米　1/32
印 张	3.25 印张
字 数	58 千字
书 号	ISBN 978-7-221-18168-8
定 价	25.00 元

本书若有质量问题，请与本公司图书销售中心联系调换
电话：18610001468
未经许可，不得以任何方式复制或抄袭本书部分或全部内容
© 版权所有，侵权必究

目录

第 1 章　什么是聪明？ 　　1
脑子不好使？ 　　3
才能是什么？ 　　5
为何大家都很重视学历？ 　　8
擅长数学是不是遗传决定的？ 　　11
努力就会有回报？ 　　15
学校是做何事之地？ 　　19
人并不简单 　　22
大学是会变的 　　25
装酷也无妨 　　28
社会就是一场机遇游戏 　　31

第 2 章　不见前途是常态 　　33
女孩子不适合学数学吗？ 　　35
男人更易拘泥于形式？ 　　39
男性的压力 　　42
寻求自由的工作方式 　　45
以二十年为单位思考人生 　　48

亲子分离	53
谁也不清楚人生的轨迹究竟通向何方	56
活在当下	60
即便身处同一职场,工作也会发生变化	61
研究者的未来发展之路	63
摒弃过往经历	67

第3章 何为活出自我? 71

什么是一技之长?	73
孤独也很好	76
尺有所短,寸有所长	78
让我们秉持着重在尝试主义而活	81
不要给自己的未来发展设置过多的限制	83
我们应如此理解正义	86
有个值得信赖的首相不见得是好事	89
"不正"行为的萌芽十分重要	92
生活,不必拘泥于框架	94
经历的两面性——好坏混杂	96

第1章

什么是聪明?

脑子不好使？

最近，在入学考试改革会议上，我常听到大家说"得到了一个好学生"之类的话。设立学校的本意，应是接纳并教育智力平平之人使其变得更为聪明，但如今反倒变成了接纳并教育聪明之人使其变得更为愚笨了。甚至有部分人秉持着一种偏执的才能信仰，认为"人的天赋是生来既定的"。而实际上，他们并不明白头脑聪明究竟是怎么一回事。

来说说之前我接受报纸采访时谈及自己生活经历的一幕。"虽然有点自卖自夸之嫌，但我还是要说我的女儿十分聪明。读幼儿园那会儿她就已经被人夸过未来可期了。我只要稍微给她一点提示，她立马就能会意并迅速地行动起来。可是，到了小学三年级，她的成绩却糟糕得一塌糊涂。我们总认为聪明的孩子成绩一定很好，但她不是这样，也不知道究竟是怎么一回事。"

我认为"聪明"一词替换为"脑子好"更为恰当。我本身也是脑子好的人。所谓的"好"指的是理解能力强、反应快、记忆力超群，等等。

有的孩子对音乐、绘画很敏感。对音乐敏感的孩子能准确地抓住节奏，迅速记住旋律，这类有天赋的孩子在生存与未来发展上已经领先其他孩子一筹。比如，若他想成为一名录音室音乐家，可能就比其他人多了一份优势。但我们都明白，有天赋的孩子不一定会成为艺术家。而有的孩子虽然在某些方面没有天赋，但也在后期摸索出了门道并品出了趣味。

  脑子好和对音乐、绘画很敏感之类的情形也有一些类似。大学里脑子好的人比比皆是，但脑子好绝对不是什么值得吹嘘的事。许多脑子好的人都不喜欢别人夸赞"他是个脑子好的家伙"，这样的夸赞会让他们觉得是在嘲讽自己。相反，如果有人说他们"迟钝"，他们会十分得意。大学老师们算是脑子很好的一类人了吧。出乎意料的是，他们经常互相炫耀自己的短处，这点真的挺奇妙的。我身边真有一些因迟钝而出名的朋友。就拿我的一位在东京大学担任教授的朋友来说吧。据另一位与我这朋友有着相近专业之人所说，每当新的事物出现时，那家伙可不会立马认可并接受它，但是过个一两年后，他便会对新事物十分认同。生活在美国的弗里德里希斯就因迟钝而闻名世界，无论别人和他说什么，他都不理解、不认同。他和我一样也是一位数学家，而且是数学大家。在我看来这位老头子的上述行为就像是在装傻。然而过个两三年，他却能熟练地运用那些他本不理解的理论顺利推进工作，而他本人也因此而闻名世界。

  我总觉得理解能力强的人很容易忽略一些东西。也就是说，他们往往只理解了事物表层的部分。而那些迟钝的人因为会想尽各种办法去理解事物，也就更容易触碰到事物深层次的部分。对某些事物有天赋的危险之处就在于，人们总是不由自主地想要迅速理解内容，从而忽视了不理解的部分，最终导致自己学而不精。总之，在学习新事物时不能抱有"之后总会明白的"之类的想法，这点尤为重要。所以说，对某些事物有天赋也不见得完全是一件好事。

才能是什么？

我在大学里面向一些看上去很聪明的学生进行了一番调查，随后，我发现他们当中的大部分人在小学、初中阶段的成绩并不好。对于聪明的他们来说，考试并不难，他们只需要稍微动一下脑子就能取得一个还不错的成绩。但正因为他们的脑子好，提高成绩这一行为在他们看来很傻，也就自然不会想去做。

一般来说，脑子好的孩子兴趣都十分广泛。所以，除了与学校有关的事务以外，他们还经常会像小大人一样插手其他事务。正因为他们脑子好，所以如此行事也比其他人容易许多，这点自不必说。

脑子好当然也有好处。脑子不太灵光的孩子很容易陷入低迷的情绪中。那些脑子好的孩子能立马理解的东西，到了脑子不太灵光的孩子这里，就会理解得慢一些，或者完全听不明白。这就触及这部分孩

脑子好的类型

耗费时间较长但能完全掌握内容的类型

子的痛处了。所以，当他们成绩还不错时，想着自己虽然脑子不灵光但至少成绩还不错，也就放心不少。孩子们会和朋友用"你那么聪明还考那么高的分数，还让不让人活了？"之类的话来相互打趣。在他们看来，聪明的孩子就应该做出让步，考个低分就行了。

于是乎，那些脑子好的孩子也就默默赞同了他们的观点。这里就有人要问了，成绩不太好的话，会因自己的成绩而苦恼吗？其实，脑子好的孩子本来就天资聪颖。有的孩子虽然平时成绩差，但在高考时却能取得不错的成绩——我就属于这种类型。在过去，还有一类孩子很是常见：他们每学期都考得不错，进而会要求自己在高考时也必须取得好成绩。尤其对于高考这种一次性的考试而言，若能一举考中确实是大喜事。

不过话说回来，才能这种东西真是令人捉摸不透。

年轻时，我坚信通过纸质的考卷并不能看清一个人是否有才，但若与其交流一番的话，就能有大致的了解。例如，有的人反应很快，有的人理解事物很快，有的人能给予他人很好的反馈，等等。这样一来，也就能分辨出哪些是脑子好的孩子。以上提到的这些优势自是不错，有助于孩子们早日成才。然而随着时间的推移，我发现那些过早成才的孩子中也有部分人有高开低走的现象。

另一方面,那些说着要去读研究生成为研究人员但并不适合的人,那些有时候有些迟钝、笨手笨脚的人,也有可能在十年后的某一天突然大放光彩。所以有人就得出了一个结论,认为才能一事十年之后方能见分晓。然而,现实是残酷的,并非人人都能在十年后功成名就,有些事甚至也许要花费二十年才能见真章。然而,我们无法通过最初的两三年时间知晓未来的结局。"才能乃天定,在生命伊始便可知晓某人是否有才。"此话并非真理,因为人是会变的。

为何大家都很重视学历?

近日,我十分推崇一个理论,即"当实体名存实亡时,幻想会急速膨胀"。这一理论适用于很多地方。正如我们不知道前方有什么在等着我们一般,一切都充满变数,流动性在不断增加。如此一来,为了稳定精神,我们就会启动幻想来与之对冲。

这里简单举个例子。日本临教审[1]提出,学历的实质性价值在不断降低,它正逐渐转变为心理层面的事物。当时,此观点一经提出,好像立马就遭到了大众的严厉批评。然而,从逻辑的角度来说,这一观点并没有错。相较于以前,如今拥有大学学历的人大大

---
1 日本临教审:日本临时教育审议会的简称。(如无特殊说明,本书脚注均为编者注。)

增加，而特权向来掌握在少数人手中。因此，随着大学生人数的增加，如今的人们已不再觉得大学毕业有多稀奇。或许有人会问，东大毕业生是不是会好一点呢？其实不然。相较以往，如今东大、京大的学生数量均已猛增了一位数。所以，今天的大学生自是没有特权的。

话说，想必大家都听过有人因毕业于东大而吃亏的传闻吧。什么？你竟不知？那且听我一一道来。其一，有人未摆正身份，总是怀揣着"我可是东大毕业，怎可自降身份从事这种工作？"抑或是"这样的老婆才入不了我的眼"之类的观念。于是乎，他们终生背负着东大的标签，过着苦不堪言的日子。不过，这种家伙一般是无法从东大毕业的。这些人如此这般看重"东大"这个标签，一旦考进了东大，那才是他们不幸的开始。我希望东大能广纳一些与上述反面教材截然不同的学生。

其二，即便是东大毕业生，在工作中也难免会有犯错的时候，这是人之常情。但在职场中，有人会因为一些日积月累的私人恩怨而霸凌你，他们会嘲笑你即便毕业于东大也不过如此。诸如此类的事情我就不细说了。

相较以往，如今知识的迭代更快，内容更丰富。这一现象在技术领域尤为明显。常有人说普通教育是在浪费时间，虽然我也是一名普通教育教师，但我对此深表赞同。不过，专门教育更甚之。[2]因为再过个十几年，专门教育多半会有翻天覆地的变化。说到底，大学本就是一个浪费时间的地方。以前，人们会很尊敬毕业于日本帝国大学的学生，因为他们有真才实学，且他们学到的知识在未来很长一段时间内都够用。但近几年，学校教的那些知识已经无法适用于这么长的时间了。所以，对于如今的学生而言，获取新兴文化的能力才是关键。学生在大学期间获得的文化知识的多少其实并没有多大影响。

如今，人们从学校之外获取的文化知识越来越多。这世上的好书数不胜数，但有人只阅读筑摩书房的教科书，殊不知打破筑摩书房的桎梏、阅读各种书籍可使其聪慧倍增。此外，即便不购买书籍，听广播、看电视也可获取大量的知识。如此一来，学校的实质性价值也就不断降低，但心理层面的价值却显著增长了，且这种反差仍在不断加剧。于是乎，学校被认为是决定人生的关键因素。

在我看来，这一现象实属正常。从前述理论可知，当实质性事物开始空洞化时，人们会依赖幻想以取得平衡。为了让大家更充分地理解这一点，下面我简单举个例子以作说明。

2　日本的教育体系可分为普通教育和专门教育两大类别，普通教育偏重一般性通识教育以及专业理论和研究，专门教育偏重职业技术教育。

例如，有人说："决定人生的关键不在学校，而在于进入社会后的经历。"照此话的逻辑，人生中不确定的因素占了绝大部分。如此一来，人们的视野便会变得狭隘，会十分重视人生中既定的部分，以求在精神层面取得平衡。在我看来，与学历相关的各种问题、人们异常重视学校的现状等，就是这一点的体现。

擅长数学是不是遗传决定的？

正因为人们幻想着将不确定的事物确定化，才有了才能信仰、努力信仰，也才出现了一堆"才能决定一切""努力决定一切"等"某一事物决定一切"的观念。但这些观念什么也决定不了。

这些观念本身就自相矛盾。例如，有人会说"数学才能是人生来就有的"。但当这句话不符合他们的现状时，他们又会说"只要肯努力，万事皆可成"。所谓的"功夫不负有心人"着实是坑害了一些人。不可否认，有些人确实有才能，但才能这种东西不经历个十年是看不出来的。由此可知，他们根本不明白才能是什么。造成这一现象的原因就是他们害怕不确定，企图谋求确定性。

说起来，最近人们极其渴望寻求因果关系。我觉得超自然事物的流行就是其表象之一。人们喜欢超自然事物并非因为不懂得科学主义的合理性，而是一味追求因果关系本身就是一种非正常的科学主义——坚信科学可解释一切，并想以此因果关系来定义世间万物。就像照镜子一样，人们总会给自己找一个理由来寻求心灵上的慰藉。其中最为愚昧的是有人会将自己的不好归结于自己的母亲，认为"我数学不好是因为母亲你本来数学就不好，我遗传了你的坏基因"。艺术等领域的才能难道真的和遗传有关？我对此持怀疑态度。

我想，环境因素的影响可能更大一些。最近，作家圈涌现了许多作家二代。在如今教育均质化的背景下，他们也许更容易成为作家。

最极端的例子就是日本传统艺能。假设有人在二十岁左右的年纪喜欢上了义太夫狂言[3]，那么他穷其一生也无法真正学会这一传统艺能。但是，如果有人本就生在义太夫世家，他自幼便能习得相关的知识。歌舞伎之类也是如此。那些传统世家的少爷在学习传统技艺方面确实快人一步，这与他们自幼的耳濡目染密不可分。

作家二代时常会听到编辑们的各种修改意见，因此他们在写作之前就已知晓了"技巧"所在。这种家庭所提供的环境与学校里老师布置写作文时所提供

3　指由日本四大古典舞台艺术形式之一的人形净琉璃（现称"文乐"）改编的歌舞伎剧目。

的环境有着天壤之别。所以，对于作家二代而言，他们大都早已明白写作究竟是怎么一回事。由此，我认为二代比普通人更占优势这一现象与血缘遗传毫无关系。政治家也是如此。政治家二代与支持者的关系和一般家庭出身的政治家是不同的。这也许与利益挂钩，但除此之外还有更大的差异。不过，虽然我们可以说二代们确实托了父母的余荫，但一味地对二代作负面评价也是有失偏颇的。先不论好坏（虽然肯定有坏的一面），社会本身正在均质化的道路上不断前行。如今学校文化成了主流，这也造就了个别文化更具优势的现象。

这其实是一个十分沉重的话题。经济基础之类的，通过一代人的努力就能实现。这代人就是人们口中的暴发户，他们为了赚钱无所不能。然而文化层面的传承却需要经历三代。

据河合隼雄[4]的观点，育儿的状态与父母采用的育儿方法有关。而父母一辈的育儿方法又受爷爷奶奶一辈曾采用过的育儿方法的影响，因此同一种育儿方法会持续影响三代人——即便祖辈早已不在人世，影响也依旧会持续下去。话说，有不少作家出生于贫穷之家。但这种情况大多有一个前提，就是他们的祖父辈可能原本就出身富贵且富有文化，只因爷爷沉迷酒

4　河合隼雄（1928—2007），临床心理学家。

色，为资助他人作画、收集书籍等散尽家财，才导致到父辈时家道中落。

我最近常听到人们说进入好大学的人多是富二代。虽然这话并没有错，但能进入好大学靠的可不只是钱。我向我女儿询问了她之前做家庭教师时的情况，便知道家中的学习氛围也很重要。例如，一般有钱人家中都会陈列着一整套的百科辞典。然而，重点并非这一整套的书籍，而是家中有没有经常查阅辞典的学习氛围。孩子会不会在需要的时候立即翻阅辞典，这一点很重要。反倒是辞典的新旧并无多大的关系，即便是五十年前的老辞典也无妨。

此外，有文化底蕴的家庭一般重视的是孩子是否真的掌握了知识，而非学校的分数。在他们看来，若是未掌握知识，即便取得了高分也是无用。因为他们明白，若是真掌握了知识，即便现在分数差点，以后也还能赶上来。一般在这种家庭中，孩子们的父辈或者祖父辈多半早已有相似的经历，而这类经历将会持续影响孩子们这一代的教育观念。一般来说，到了第三代时，这种教育观念就会在家族中扩散开来。从某种意义上来说，这也可以被称为"人与人之间的差距"，而且这种差距是没法迅速追赶上的。

再回到之前的话题。世上根本没有决定人是否擅长数学的DNA，即便人与人的数学能力有所不同，那也主要是受到环境的影响。然而，人们总会找各种各样的理由来让自己安心，说自己的母亲数学不好，所以自己数学也不好，诸如此类。更有甚者将自己数学不好归咎于祖宗作祟，抑或是自己的血型不合适，等等。他们惯常使用"就是因为……导致自己……"这类的逻辑，企图创造因果关系的枷锁。人们越是不安就越容易发生这种事情。

努力就会有回报？

"努力就会有回报"这个观点就是对前述内容的补充了。话说，告诉人努力就会有回报是行不通的，因为这是明明白白的谎言。如若不然，岂不是人人努力一番都能获得芥川奖了？这样的话，世上也就没有才能一说了。我真的难以理解。

最近，我身边有一个即将退休的家伙开了陶瓷个展。他平时就有在悄悄地制陶。得知此事后，我们大为触动。有人提出："这届学生是不太可能了，但以后能不能将制陶列入大学基础课程呢？"即，建议大学把制陶列为必修科目，如果开窑后学生的陶瓷成品率不佳的话，就扣学分。

其实，制陶一事只要多做，就会增加出优品的概率，而那些天生品位好、有才能的人则更容易出优品。但是，即便他们再有才，即便他们有几十年经验，不到开窑的那一刻，他们也无法预料会开出怎样的成品。制陶的结果就是如此的两极化,要么好,要么坏。不管你是艺术院会员还是何方人物,只要没开窑,就都无法知晓结果。而这亦是世间常态。

话说回来,如有学生坚信自己只要努力了就定会有所回报,定能做出好的陶瓷成品,获得高分,抑或是"我才华横溢,理应得高分"等,那他们就惨了。这世上可有不少人不停埋怨自己总是怀才不遇、自己的努力没有得到回报等,以至于终生深陷黑暗之中。

近年来,说着"我已经很努力了,请认可我吧"的学生越来越多了。

对此我嗤之以鼻。我的观点是,无论过去如何,也不论曾经有无努力、有无前科,你若是想要努力,就请从现在开始。当你六十岁意志逐渐薄弱时,就会欣慰地告诉自己,今日的一切都归功于往日的努力。我希望大家都能尊重有这类观念的老人们。我举这个例子是想告诉大家,六十岁前谈论自己的努力有无结果还为时尚早。

而且,努力这种东西理应是由外人来评价的。但如今,有部分人会高调地宣扬自己有多么努力。当这部分人最终取得了较好的结果时,大家便会以结果论过程,认为这人确实努力了。不过,当一个人以获得他人的正面评价为目的时,他所付出的努力也就变质了。

我举个例子,学校里时常有过了提交截止时间才匆匆拿着报告来交作业的学生。学生说:"老师我交作业迟了，但还是麻烦您收下吧。"然后我就会回道："嗯？那我就收下了。"当学生听到我要收下他迟交的作业时，不禁喜上眉梢。但我又会接着说："你啊，还是太天真了。过了截止时间才提交作业，这就意味着要扣分了。"

及时交作业与易获得高分之间的关联正好与不确定性原理相同。越早交作业，老师弄丢作业的风险也就越大。如果老师收到作业后随意放在一旁，作业就会有一定概率被别人拿走，实际上也确实如此。假设提交了作业的人中有一半可以过关，那么在过了截止时间后交作业的人只有5%的概率能过关。除此之外，如果是邮寄给老师的话，就只有0.5%的概率能过关；如果以挂号信的形式交给老师的话，则只有0.05%的概率能过关。在这些提交方式中，最让我恼火的就是挂号信这种形式了。因为挂号信中有一类急件挂号信，每当收到急件挂号信时，我都以为是我的稿费到了，于是我就揣着个人印章急急忙忙前去取件……但拿回来一看，里面居然是学生的报告，我当时的心情可想而知。

我想，学生极度热衷于交作业一事，应该是受到了高中及之前的经历的影响。因为以前学生们只需要在截止日期前严格按照规定提交相应页数的报告便可得分，作业只要交了就行，质量如何并不重要。

如此一来，学生们对待作业的态度便会越来越糟糕，最终有可能演变成只要踩点交上作业就行。但话说回来，如果要求老师一一据实打分的话，也不太现实。

我们假设打分时对学生成绩的占比有所规定：分数中规中矩的占一半，高分、低分的各占四分之一。为了达成这一占比，老师会对打分有所思量。必然会有学生及时交了作业却依然得低分，抑或是学生未及时交作业却得了高分等现象。而在分数中规中矩的学生中，既有及时交了作业的，亦有未及时交作业的。这算是世俗共识吧。

若无规无矩，这世界的运行也不会这般井然有序。虽说如此，但若是仅靠秩序，现实生活中人们的工作态度便会越来越糟糕。这点想必记者们深有体会。例如新闻杂志、报纸之类的，即便记者按时提交了努力修改后的稿子，若最终未能通过，那么稿子也只能逐渐消失在"稿海"之中。即便是记者们通宵达旦写出的稿子，也有可能不被采纳。毕竟只有同人杂志[5]才会刊载所有以心血浇灌的稿件。而若是碰到高质量的稿子，即便过了交稿时间，编辑部也可能会破例予以采纳。有时他们甚至会不惜舍弃已定版的所有稿子，只为了给高质量的稿子腾出位置。这种现象我想也算是人之常情吧。

---

5 指由志趣相投、目标一致且自愿结合的人一起策划、撰稿、编辑并发行的杂志。

学校是做何事之地？

然而，上述现象对于学生来说却是极大的打击——没及时交作业的人通过了，但那些及时交了作业的人却被评为不及格——在上大学之前，这些学生一直循规蹈矩。于是乎，上大学后突如其来的这一出也就招致了他们极度的不满。

对于这些学生而言，只要他们投入了热情，学校就理应给予他们一定的回应。不过，学校的老师好像也确实很喜欢激励学生努力奋进，比如会设立一个努力奖之类的。不过在我看来，激励学生们向上奋进固然不错，但若能令学生们心有所悟，抱着即使白费功夫也无妨的觉悟持续奋进，则更有意义。即，纵使学生们认为自己是在白费功夫，在做蠢事，也依旧会去尝试一番。爱好一事便与之大体相同。

我有一点担心现在的学生。他们在高中毕业前一直被压抑着，一进入大学就开始放纵起来，但他们所做的大部分事情都是无意义的。就怕有的学生刚开始想要干点什么，便立马明白自己不适合，却依旧在这件事上白白浪费了四年青春。这样就真的太不幸了。

举个例子，若是对从事演艺工作的人说"演戏也不过如此嘛"，他们便会回答道："您说得对。"他们从事演艺工作最初是出于对演艺事业的热爱，那时的他们充满热情地投身于此。而一年之后，他们之中便会有人感到厌烦并反思为何自己会想要从事演艺工作。但他们并不会因此消极怠工，反而会更加努力地演戏。这种情况很是普遍，但我觉得这种不及时止损的行为是很奇怪的。

当然，这也可以理解成是一种游戏的心态。例如，有的少年热衷于研究昆虫，有的则成日观察星空。若是问他们做这些事情有何意义，他们便会回复虽不知有何意义但仍会继续做下去。不过现在的孩子们不会这么想了。

如今，所有的价值都被学校一元化了，孩子们都被灌输了价值至上的观点。其实，那所谓的价值本身就是一个谎言。然而，学校明知真相却不愿及时止损，反而一意孤行。其实学校本可以遏制此类现象，但相较于倾其所有力量来做出应对，他们选择了置之不理。不过话说回来，这点小事也并无大碍，虽说是假象，但若是能起到安慰效果倒也无妨。

其实，分数幻想也是如此。以前曾传闻会取消分数，但我觉得这行不通。二十年前，有一段时间曾十分流行讨论大学改革事宜。当时有人提出一个观点，即在基础教育的两年时间里，与其在教学、研讨方面全方位地督导学生们努力学习，倒不如废除分数与学分制度。无论学生们是否努力学习，校方都不予评价。如此一来，大学生们就应为自己的行为负责。如

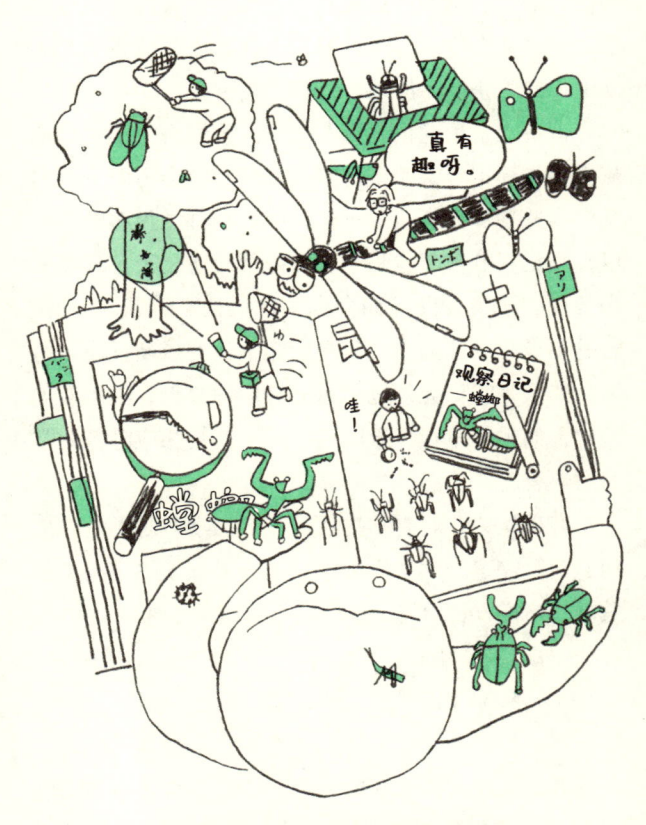

不拘泥于外界标准，勇敢面对自己的热情

果大三了还读不懂外文书籍，不会算术，那就是他们咎由自取了。这种做法其实很残酷，如果当真执行起来，想必会有许多学生选择自杀。总之，若我们无法从他人口中获得评价，便会寝食难安。

再举一个更通俗易懂的例子。假设有个学生，他从不参加模拟考试，秉持着仅自己知道实力即可的理念自学并参加高考……仅仅这么一想都觉得够呛。所以，我觉得分数就像是一种镇静剂，还是很有存在的必要的。虽说如此，如今也太过重视学分了。然而，若是不设置学分的话，又会引起学生的戒断反应。所以，我认为我们无须过于重视分数的高低。但也有人提出，如果不重视分数的话，学生就会相应降低对学习的热衷度。

有人认为，若有学生质疑考试、学习之类是无用功的话就完了，学生们必须意识到考试是决定人生的关键，这样方可给自己施压。但我对此不敢苟同。

人并不简单

或许是在大阪长大的缘故，我喜欢思考事物的利害关系。我觉得，如果人们总是执着于不了解的事物，那么一定会吃亏。例如，有的学生把考试看得过重，只在乎分数却不去了解自己的特长与欠缺之处，那么他有很大可能会考砸……

人们常说："两耳不闻窗外事，一心只读圣贤书。"而有的人却天生反骨，偏要"终日忙碌唯拒书，一看考分透心凉"。我们其实可以换个角度看待考试。"考试嘛，也就那么一回事儿，且让我来会会你"，若是我们能抱着这种心态，也许会有意想不到的收获。不过，受个体差异的影响，谁也不知道每个人的人生最终会如何发展。正因为不知前路如何，我们何不选择一条轻松好走的路？

私以为，一味强调学习的人，其实只是想要把世间万物简单化而已。

我是一名国家工作人员，所以我有义务只从事本职工作，但我并不认可只从事本职工作就是好事。人们总觉得学校的教师若是有兼职就是不务正业，但我却认为应该鼓励教师做兼职。老师身兼数职有诸多好处不是吗？我认为，应鼓励小学教师从事与待人接物有关的行业，即服务行业。比如，男教师可以去做调酒师，如此一来便可学会洞察人心，掌握诸如快速安抚发怒小孩之类的技巧。

我认为教师只从事本职工作是其日后出现教育失败时的免罪符。他们会狡辩道："我的精力都用在努力教学上了，除此之外的事情我根本无暇顾及。"因此，教师如果能从事兼职反而是一件好事。

当我心中有所疑惑时，并不会急于解决它。这是因为我明白，若是勉强解决的话，多半只能收获幻想。换句话说，得到的结果不过是自我安慰而已。这世界并非努力就能有所收获，与其只留一个选择，倒不如给自己多个备选项更为稳妥。

看着如今的年轻人，我心中思虑更甚，他们早已习惯将事物简单化，遇到的挫折也越来越少。

我曾经参加过一个广播节目，名叫《桂文珍谈话》。这是一档直播节目，中途会有听众来电。那一期的主题是"批判新人类"。整个节目真的很有趣。打进直播间的电话出现了两极分化。一种是认为最近的年轻人一点也听不进大人的话，就喜欢我行我素。另一种是认为最近的年轻人只会看大人眼色行事，没有一点自主能力。那么，到底哪一种才是真实的年轻人呢？

正确答案是两者兼而有之。这里举个不太恰当的例子。"我一直以为那个家伙只会听从家中长辈的话，没想到他偶尔也会自主判断并且做些大事，真是个有趣的家伙。"这样的情形不少见吧？又如，"那个家伙看上去是那种我行我素的人，没想到在大事上还是会听取长辈意见的。"这种情况也不在少数。本以为他是A类型的人，没想到他会做B类型的事，或者本以为他是B类型的人，没想到他也会做A类型的事，我认为这种反差感非常好。不过这也因人而异，不可一概而论。但试想，如果没有这种反差的话，人们就很容易简单地将某人划分为A类或B类。

对于这一点，我想学校在其中也起到了一定作用。学校里有类似于性格测试的玩意儿，它的答案一直是一条直线，右边是最好，左边是最差。实际上，孩子们在面对有的测试题时会选右，面对有的测试题时选会左。但我们却一直以选右即正确、选左即错误的基准来评判孩子们，这点很令人不适。人是复杂的动物，但是谈到人的性格的时候，我们总是喜欢简单粗暴地将其分为开朗或阴暗这两种类型。

决定一个人属于哪种类型的方式相当有趣。若是我们明白这些不过是娱乐、当不得真，那倒也无妨。怕就怕有人当真了，那就实在是一个心思单纯之人了。那些血型分类之类的，其实也没有多少人真信吧。于我而言，只要抱着娱乐心态玩一玩，那还是挺有趣的。

大学是会变的

我想大家都有听过中年大叔考上东大的事情吧。如果是父子一起考东大的话，那还真有可能出现这种情况。我虽然没有亲眼见过，但据传闻，在京大有一个读了二十年左右还没毕业的学生，据说他依次去各个学部学习了一遍。

还有一件令我惊讶万分的事情。当时，我们应该是在医学部讨论定约桥牌，就在快结束的时候，一位五十岁左右的大叔走过来说道:"老师,我很早之前曾写过一本关于定约桥牌的书,下次我带过来。"等他带来一看,发现他居然是1960年左右东大桥牌俱乐部的队长,还是日本60年代的风云人物。而如今,他却是一名学生。据说他还拥有自己的公司。也不知道他为何进了东大医学部,还低调地住进了东大宿舍,真不知道他有何打算。

提到大学未来发展一事,我总觉得在未来学历问题会自然消失。之所以这么说,是因为在大约二十年之内,日本的大学也会向欧美大学看齐。届时,想必日本大学中留学生的占比会超过三成吧。他们来自世界各地,如美国、欧洲、东南亚,等等。那么,届时校园内定会充斥着各国语言吧。此外,超龄学生的占比也可能会超过三成。例如,会有四五十岁的中年人,抑或是退休老人选择就读京都大学等。这些现象的出现与考试制度有关,也与旁听生、成人入学生之类的设置有关。此外,我认为未来女性学生的占比应该会有四成左右。

如今的大学是二十岁左右的男子扎堆的地方,我认为这并不可取。如此一来,学校就像是在给社会培养预备军一样。但以后若是放开了限制,学校中就会有各国的学生,也会有叔叔阿姨辈的学生。那些叔叔阿姨辈的学生入校后,校方一定会面临诸多待解决的问题。但如今的大学确实是在朝着这个方向发展。现如今，日本制度健全的大学多少都有些标新立异的举措。

大约二十五年前，日本首次出现了因学生罢课而影响考试制度的事件。20世纪60年代安保学生运动时期，罢课现象屡见不鲜，这在当时并非稀奇事。但是，废除考试这一举动给教育制度留下了不小的创伤。人们不知是否应该重启考试，也不清楚学分应该如何设置。与此同时，人们也在担忧，若是真以严格的标准筹备考试工作的话，想必最终大家的考分定会惨不忍睹。那时的我虽然还年轻，但也与大家集中在一起就此事进行了一番讨论。二十五年前，在教室内上课才是重中之重，至于考试、学分什么的不过是制度规定的附带动作。当时有许多诸如此类的正论。但现在，附带动作被讨论得沸沸扬扬，上课这一本体却无人问津，当真是说不过去。

如今的教育讨论中已经不可能再有上述这番言论了。现在的学生早已将学分、考试看成重中之重，上课反而成了附带动作。这种现象的出现倒是与制度严苛与否无关，主要是人们在明面上更重视考试罢了。虽说如今人们过分重视考试带来了不少麻烦，但也不至于要因此全面废止考试。我认为，就现如今的状况而言，即便是想要废止估计也难。如此激进的变革大概很难顺利推进。

然而，即便在如今的制度中生存，也仍旧需要与之保持一定的距离。至于距离要保持多远,这我就不知道了。我可能会被人说成是老古董。人们会说:"如今的世道不一样了,照你这样做的话,是很难通过大学入学考试的。"不管怎么说,我毕竟是入学考试的高手,所以通过考试应该还是不在话下的。

人们普遍认为大家都应该走相同的道路,于是这条路也就渐渐定了型。但即便是在大学入学考试中,只要报录比超过了2∶1,就会有大多数的人落榜,可见遵从多数派的模式是行不通的。

装酷也无妨

谈到考试的话题,就不得不谈一谈时常改动的入学考试制度了。我曾给应考生开过一堂讲座,在讲座上有人提出"如此频繁地变动入学考试制度,会给我们这些考生带来麻烦"之类的观点,我也就不禁反驳道:"有多麻烦呢,和我当年上学时比起来,你们现在已经轻松多了,毕竟当时我们真的很辛苦。你们啊,虽然比不上那些平时就勤奋好学的优等生,但是到了这种变革时期就会想要做些什么,这才是应考生的心态。不这样可不行。"

我们那个年代可是十分悲惨的。当时采用的是旧的中考模式,一般在考试前半年才会公布考试科目,所以大家只能提前两年就开始努力学习。当时我可是拼尽全力也要记住赤尾好夫编写的袖珍辞典里的内容。此外,我还读了许多古典名著。《源氏物语》虽然并没有全部读完,但也读到了"须磨""明石"的部分。那个时候,我们是英语、数学、日语、汉文样样都得会。虽然我当时是一个"数学少年",但考试的数学又是另外一回事了。不过我也会出于兴趣做一些考试题目。所有科目中最让我苦恼的还是英语。尽管花了大力气记忆辞典中的内容,但最终记住的也不过只是首页的第一个单词"abandon"。当时还有很多用汉字书写的文章,因此我也读了许多汉文和古文。

大约到中学三四年级的时候,我们已经学得差不多了。然而,到了考前半年公布考试科目的时候,大家才知道这次不用考英语、古文、汉文,只考数学、理科、作文和日本史。考这些科目在我看来怪异得很,毕竟,当时我猜测可能会在古文、汉文与英语中择一门列入考试科目,但实际与我所猜测的截然不同。

虽说为入学考试而学习难以沉淀为个人的教养,但如果不是这样的话,当时的我也不会遇见各种各样的事物。这里提一段趣事。在中学三年级的时候,我通读了《里见八犬传》[6]。此书相当有趣。虽然至今我也不擅长汉文和古文，但当时想要阅读的迫切愿望战胜了阅读上的困难。我自知通读此书并不代表我的阅读理解能力有所提升，但我依旧高兴不已。话说回来，如果我在最初就知道只考数学和理科的话，就不会去学习那些不会考的科目了吧。那样的话，自然也就不会读《徒然草》[7]之类的书籍了。所以，我觉得旧的入学考试制度其实也有好的一面。

近十年来，日本的统考制度已经完全定型了。我曾与关西某所备考学校的教师一同参加过座谈会，当时大家提出了"备考生美学"这一概念，即一过暑假就一头扎进备考的状态，这样才酷。但是，这种美学往往与实际情况有所出入。实际上，有的人可能在暑假之前就已经开始备考了。其实提前备考也行，但为了装酷，学生们一定要装出一副自己并没提前备考的样子让大家深信不疑，这才算是美学。虽然有人会觉得这一举动很虚伪，但我倒觉得是一件好事。

据现在的高中教师说，最近这种美学已经完全消失不见了。现在的学生都已经被学校日程化了。学生必须严格按照日程安排行事，高中三年时间便如此一

6　即《南总里见八犬传》，由日本文学家曲亭马琴（泷泽马琴）撰著，是日本江户时代戏剧文学的代表作。
7　由吉田兼好法师所著的随笔作品，是日本南北朝时代的文学代表作。

晃而过。当高三生们完成高中阶段所有日程后，他们会产生一种错觉，认为自己这三年的努力定会带来好的结果。

虽说他们确实努力过了，但实际是否能如愿以偿，我对此还是存疑的。其实，我认为学习的结果并不重要，重要的是如备考美学那般的学习经历。考试制度这玩意儿，其实有些许不稳定也没有关系，反倒是那些一味期盼稳定的学校制度之人才更为奇怪。

社会就是一场机遇游戏

普通人对改革的恐惧是根深蒂固的。即便教育改革是国民所期盼的，人们也常常说着教育要完蛋了，但如果真的进行改革，人们又会开始不安起来。所以，也有人会有想要维持现状的心思。然而，若是有人秉持"改革后也不一定会变好"的观念的话，我觉得那就大错特错了。在变革期，有的人的确可能会因立场问题站错队，时局也容易出现较大的动荡。但是若是有人因此就认为应维持现状，那就太奇怪了。

这是一个十分难解的问题。为何明明要进行改革，却又在是否维持现有制度的问题上呈现出保守化倾向呢？这是因为改革也要兼顾弱者。换句话说，在变革时期还是强者占据优势。所谓强者，并非指表面上拥有权力的人,而是指在生存这条"道路"上的强者。归根到底,强者是那些能很快适应变动之人。而那些不愿接受变动之人,也就是弱者,一般都会选择安于现状。如此一来,为了兼顾弱者,改革最终会朝着安稳的方向发展。

不过,也许因为我可能不太人道主义吧,我认为如果一个社会长期没有变化的话,就不会有新的机遇产生了。

也就是说,社会就是一场机遇游戏。即便一个社会中强者占七成,而弱者只占三成,如果放任不管的话,强者和弱者的身份也会逐渐固化,弱者也终将止步于弱者。虽然变革可能会使一些人受到伤害,但是只有通过变革才有可能逆转强者与弱者的身份,不是吗?这一点是显而易见的。

对弱者的保护会固化弱者的身份,抑制弱者的自立。而所谓的弱者的自立,其实就是弱者习得强者的逻辑。

第 2 章

不见前途是常态

女孩子不适合学数学吗?

有人说,如果考试科目里面没有数学的话,也许女学生会多起来。话说回来,女孩子真就那么讨厌数学吗?

虽然人们都说女孩子不擅长数学,但我却不以为然。我经历过战争,我知道在世人眼中,数学总与软弱挂钩。战争期间有相当多的人选择了数学,这是因为当时的世界由男性主导,那些追求女性化的、软弱的"非国民"便自然都选择了数学。毕竟在那样的环境里,你选择成为诗人的话,极有可能会被士兵抓捕。那是一个异样的时代,在当时的三高[8]学生宿舍里,最流行的是高木贞治的《解析概论》和吉屋信子的《花物语》[9]。乍一看,这两本书出现在一起实在是奇妙,但其实想想也就了然了。少女小说在当时十分盛行,我也与之有着千丝万缕的联系。

从事数学不怎么需要体力。因此战争结束、(针对女性)限制放开后,数学行业涌入了一大批女性从业者。反倒是最近,女性从业者的数量在不断减少。当然,如今还是有女性从事数学相关工作的。提

---

8 旧制第三高等学校,为京都大学的前身之一。
9 吉屋信子被认为是日本少女小说的开山鼻祖,《花物语》是其代表作。

及造成如此反差的原因，我认为是在战后那段时期里，人们是出于喜好选择从事数学工作的。但后来，数学逐渐变成了男性的"专属"工作，成了男性立身扬名、大展拳脚的舞台。自然，随之而来的是，数学方面的竞争也越发激烈了。从那以后，女性反而不怎么读研了。但在以前"非正规研究生院"林立的时候，倒是有很多女生选择读研。

我认为女生不擅长数学是受到了刻板印象等很多外界因素的影响。例如，人们提到理科就想到数学，提到文科就想到语言。这种刻板印象的形成原因其实很简单。在日本高中改制[10]以前，理科中最容易挂科的就是数学，文科中最容易挂科的是外语，而在外语中，英语又比德语、法语之类的语言更易挂科。要是一个文科生语言学不好的话铁定挂科，同样，要是一个理科生数学不好的话也必然挂科。后来这一观念就逐渐变成了"要是数学好就选择理科，要是语言好就选择文科"。

确实，从升学考试的角度来看，擅长数学的人更容易考上理科专业，擅长外语的人更容易考上文科专业。不过，这也仅仅是升学考试的情况。若硬要将理

10　日本于1947年颁布《学校教育法》进行系统性的学制改革，改制后日本的学制为"六三三四制"，其中小学和中学阶段均为义务教育。新制高等学校（相当于中国的高中）于1948年正式成立。

科与数学画上等号，那就是刻板印象在作祟了。而且我觉得这种刻板印象挺狡猾的，因为它们总是会换个姿态再次出现在人们的视野中。

五六年前，我曾给女生不擅长数学这一现象找了个"理由"。在观察女高中生的过程中，我逐渐能分辨出大多数不擅长数学的女学生与少数数学很好的女学生。我发现，那些明明很聪明但数学不好的女学生有一个特点，那就是笔记都很整齐，但细看笔记内容就会发现她们完全没有理解老师教授的知识。相反，那些数学好的女学生就和普通男学生一样，笔记乱得连老师也看不明白，但耐着性子仔细辨认一番，就会知道她们已经掌握了老师教授的知识。现如今也还有这样的女学生，只是为数不多了。反倒是男学生都和女学生一样，也能整齐地做笔记了。

我曾问过一位教授小学高年级的教师，从他那里我得知了学校中存在一个现象，即学校中比较有趣的学生多半是那些似男孩的女学生与那些似女孩的男学生。一般来说，相较于普通的男女学生，那些有着相反价值观的学生有很大概率是个妙人。个中缘由想来也简单。男孩们从小就活在"要成为一个男子汉"的世俗框架里，如果一个男孩子稍微表现得女性化，那这一点就会被无限扩大。但如今不一样了，总的来说，男孩们所受的传统性别化教育的影响正在逐渐减弱。如果来京都大学附近转转，你就会发现绝大多数的男孩子都像女孩一般精致。

虽说女孩们所受的传统性别化教育的影响也在逐渐减弱，但我认为其"余威"仍在。而这种影响也可能波及女孩们与数学之间的关系。

其实，数学并非一门只讲究思维严谨的学科，它也依赖于在合适的时间产生合适的感觉。理性与感性的分野是老生常谈了，但"数学就是理性的，诗歌就是感性的"这种观点其实是个谎言。诗歌的结构是要求理性的，而数学也十分依赖于人们对于情境的感知。

然而，"数学是精确的"和"女性必须是严谨的"这两种假设具有协同作用。但上了高中之后，如果不以"这样可以，那样也可以"的灵活思维来学习数学，可能就会感到无所适从，并对之感到厌倦。似乎早在上小学的时候，我们就被教导数学是一门精确的学科，这种刻板印象根深蒂固。随后，我们带着这刻板印象经历初中、高中，再考上大学。如果女学生们在求学的道路上未曾改变对数学的印象，再加上社会强加给女孩们的名为"刻板印象"的大山，女学生们自然而然就会变得不擅长数学。

不过，现在这种情况可能正在改变。不管怎样，我觉得女孩子其实也很适合学数学。

男人更易拘泥于形式？

近年来，女性似乎做得更好了。我注意到这一点，是因为有人称现在为"女性时代"。你或许在书评中看到过一批三十多岁才开启写作生涯的作家，而在这些作家中，我认为女作家的能力更胜一筹。男性（包括我在内）其实也懂一些写作技巧，但是我们就是不会去运用。换句话说，男性不会想要使用较难的措辞，抑或是使用引用等技巧为文章添彩。而女作家为了拉开与他人的差距，总会有意识地使用各种写作技巧。我注意到了女作家与男作家之间的巨大差异——女作家写作时更重构思，思后起笔，行云流水，一气呵成。

大约三四年前的夏天，在发现了男女作家之间的不同后，我参加了一个数学教育会议。据当时在场的大学老师反映，如今的女大学生远胜过男大学生。最近不是很流行各种奇怪的入学考试吗？例如自由之森学园[11]之类的。若是采用那种入学考试，并且抛开男女平衡的问题来选拔学生的话，即便有许多男生参加考试，最终能考上的想必还是女生居多。如今的高校好像都苦于解决平衡男女学生数量的问题。

虽说被动发觉此事是我身为教育者的失职，但我

11　位于日本埼玉县饭能市的一所兼收中学生与高中生的私立学校。

仍要说女学生的报告就是比男学生的有趣得多。感觉男学生总是会受文章文体、形式所限，而那些拘泥于文体和形式的文章绝大多数都很无趣。我曾和在驹场生活的朋友谈及此事，当时他就回答道："在驹场的大学里也有这种现象。"不敢说全日本的大学都有此现象，但我至少可以说在东京大学和京都大学里，感觉女学生的报告就是比男学生的好。

此外，还有一个与此类似的现象，且听我娓娓道来。我曾担任过高中写作大赛的评审专家。被选拔来参赛的选手中，女学生占了绝大多数，男学生只有寥寥几人，且他们所写的文章都算不上佳作。当时的评审专家中，甚至有日本文部省或其下属部门的工作人员。经过讨论，评审专家们一致认为男学生有个怪癖，那就是总喜欢在文章的末尾三行进行多余的综述。例如，用"今后我打算……"之类的话语表明决心。其实，要是没有那三行内容的话，有些文章倒是可以算得上佳作。也许那些男学生都接受过关于"小论文的写法"之类的专题辅导吧，但其实那并不适用，毕竟他们参加的是写作大赛，而非小论文入学考试。

一般情况下，男性都有着较强的框架意识。据此，我们提出了一个假设，即女性歧视造就了如今的女性时代。如果将这个假设讲给女权主义者听的话，多半会收获谩骂。但当我提心吊胆地将它告诉上野千鹤子时，却收获了她的认同。

  细想一番，其实我周边有不少例子可以佐证这一假设。一般来说，在来过我家的二十多岁的年轻编辑中，女编辑大多能力都很强，而男编辑则普遍能力不行。当然，也有极个别能力不错的男编辑。若是提及如何评判一个编辑有无能力，我从作家这个角度来说，就是看编辑与作家之间的沟通情况。编辑们一般会和我们说："您快写些稿子吧。"而我会回道："只给二十天时间写不了。"然后，我会顺道说出我的条件，例如："要是时间放宽到月底的话，我也许能想办法交稿。"或是："二十页的体量太大了，改成十页吧！"随后，编辑会回复我道："要不改成十五页，您看如何？"最后，我会回复他："就十二三页吧，这是我的极限了。"这种编辑与作家之间的沟通过程最能体现一位编辑的能力。

  一般来说，承担与作家沟通工作的以女性居多。男性一般用词过于官方，会给人一种疏离感。他们常常会说："对于您提出的问题，我方需要召开会议进行研议。待我回去后，会向领导汇报此事。"在日本，一般情况下，有能力的女性们会在三十岁左右时步入婚姻，辞去工作，而那些能力不突出的男性却能混到管理层。这就是如今日本公司人员架构的现状。

  男性在职场中终将走向管理层，这是如今日本公司默认的规则。不过这一规则倒也不是无半分好处。日本的女性常常给人留下"遇事即离"的印象，最极端的例子就是那些自由职业者了。若是身为自由记者，她就需要自带灯光设备，要兼任摄像师，后期采访编辑自然也是她自己做，所有的工作都由她一人承担。而她的甲方一般是朝日新闻、NHK、讲谈社之类的大型媒体。也就是说，她需要策划好整个系列采访的内容，并独自一人包揽采访之中的所有工作。

自由职业真的很不容易。然而，如果问二十岁左右的年轻女性，她们会说："自由职业确实很不容易，也看不到未来在哪里。但是，至少我现在很喜欢这份职业，也打算在三十岁之前继续在这个职业道路上发光发热。然后，等我三十多岁以后，如果厌烦了这个职业，就找一个老实人结婚，做个家庭主妇。"诸如此类。

男性的压力

我来说一个关于某出版社出版文学全集的故事。在此全集出版过程中，真正负责与作家们进行协商沟通的，是一支由三位中年女性组成的策划团队。她们面对的是一群要求颇多的作家，这些作家偶尔还会跳过她们，直接与总公司交涉。如此一来，总公司又会将这个进行中的项目外包出去，这就导致与作家之间冲突不断。"我应该和您说过交稿日期是几月几日。"……如此这般，公司与作家之间根本没法好好沟通。

外包机制逐渐成为主流后，总公司的组织架构也逐渐趋于官僚化。但再怎么改变，还是有许多核心工作只能交由本公司员工处理。无论是在筑摩书房还是在平凡社，处理核心工作都不是一件易事。话说回来，如今大部分的工作都外包出去了，而在承包这些工作的策划团队和承包方中，女性成员占了多数。我曾提到过久米宏，他以前在电视台工作的时候主持过一档傍晚播出的节目。在节目结束后，他会外出打会儿麻将，喝喝小酒，然后再回到公司和同事们商议工作，直至天明。但他在如今就职的公司里就不会再如此拼命了，一般来说一下班就立马回家了。之所以会有这种转变，也许是由于他越发像个"职场人"了吧。凌晨时分仍在奋力工作的，是公司中的那些基层部门，例如策划团队。

在节目编剧这个圈子里，女性占据了主导地位。这个职业可不简单。有时，赞助商会提出一些无理的要求。例如，他们会要求把节目中原本安排的轿车交通事故改为无轨电车交通事故。此外，演员也常会提出一些无理的要求，而节目的播出时间是早已确定的，这就导致不得不赶工期。这就是节目编剧圈子的常态。久而久之，女性渐渐成了这个圈子从业人员中的主流。确实,在父权社会里,人们总是会将一些男性挑剩下的工作硬塞给女性。然而,事实却是那些工作并不全是男性挑剩下的,部分核心工作也向女性敞开了。而那些男性选择的工作被"提纯"之后,剩下的也就只有管理了。

如今的男同胞们啊,性格还是太阴郁了。我的一位学生曾说过:"不管怎样,身为一个男性,就必须从好的学校毕业,进入好的公司,一辈子为老婆孩子努力赚钱。"即便男性的父母没有这种意识,整个社会也会向男性施压。这导致男性不断压抑自己,而女性则深受性别歧视的困扰。人们常会说:"嗯,女孩子的话,就算能力不行也没关系,只要聪明就好了。"单从这一点来看的话,相较于男性,女性受到的社会压力还是小一些。久而久之,社会形成了关于理想男性的刻板印象。这种现象的产生并非个人责任,而是社会整体造就的。从这方面来看,女性相对来说还是比较轻松的。

此外,有人在将男孩与女孩对比一番后,提出了一个观点:女孩的变数更大。例如,一个女孩高中毕业以后该选择继续深造还是就业?如果选择继续深造的话,是选择两年制的,还是四年制的?[12]大学毕业后是否要找工作?除了选择找或不找工作,她还要想

---

12 日本学生在高中毕业之后可以选择的深造方式包括四年制的大学、两到三年的短期大学或一到四年的专门学校。

好自己要不要结婚，要不要生孩子，生孩子的时候选择哪种方式，等等。女孩的选项太多了。而男孩的生活就单调得多了，基本就是在早已确定的轨道上步步推进。以上这种现象是父权社会造成的。由此可知，父权社会也有可能对男性不利。

寻求自由的工作方式

在日本，女性在进入公司后，事业刚开始有些起色能为公司贡献一份力量时，她们就会提出辞职，选择去结婚。此类现象加剧了社会对女性的歧视。但如今好像男性也开始这样了。

据说，现在有许多三十多岁的男性都在思考着是否要辞职，也有四十岁左右的男性选择了辞职。公司再也不是束缚日本人一生的枷锁了。

最近出现了一个可怕的现象。猎头根本不会等到学生毕业，有的学生在读到大二时就被猎头挖去工作了。例如，现在有不少人在从事软件开发工作。"你现在在京大读情报工学简直是一种浪费，还不如去更大的舞台施展你的才华。"听到猎头这番话，学生就选择跟随他去工作了。据说有些记者也是这样挖人的。他们会对学生说："区区东大佛学专业，不读完也不打紧。"而另一方面，那些既没有学历又选择从事自由职业的人会发现，如果自己选择的工作内容不合适，则根本无法自立。如今那些大公司的人事也都已经注意到了这个现象。不过，相较于过去，现在人们选择自由职业其实也能养活自己。

此外，还有更"狡猾"的一招。不管是出版社、建筑公司还是信息科技公司里都有这么一类人，他们会选择去大公司工作，当摸清了公司的运作方式以后，便在四十岁左右的年纪辞去工作单干。现实生活中许多人都用过这一招。但是，最近这一招好像也不太管用了，因为现在的公司内部都细化了分工，即便进了大公司，也难以掌握公司整体的运作流程。

自由职业者还是很不容易的。我认识一些自由职业的系统工程师，他们中大多数人没有任何文凭。简单来说，只要会开发电脑软件就行了。不过，自由职业者拼的就是各自的本事，他们可能会在工作中遇到各种状况，需要使用不同的语言，也无法对工作挑三拣四。这样想想，的确很辛苦。

不过，如果他们能坚持做下去的话，会发现自己的视野拓宽了不少。到了二十五岁左右，他们已经能有自己大致擅长的程序，这个本领能帮助他们在业内占据一席之地，并收获一份稳定的工作满足自己的生活所需。但这也仅限于三十岁以前。在三十岁之后，有些人会筹划着独立做项目，召集一群年轻的伙伴一起奋斗。等到了三十五岁，再注册一家软件公司，自己做负责人，届时也买辆奔驰代步。如果真能如上述这般发展倒也不错。

然而，人到四十选择辞去工作成为一名自由职业者，我想是需要相当大的勇气的。

在日本，人们工作到了一定年纪就会晋升至管理层，这是社会不成文的规矩。所以，在企业研究所等部门工作的人很难一直从事研究工作。那些上了年纪享受着优厚待遇的研究员怎么想都不可能会辞职，他们最终都会承担起公司管理人员的职责。

而大学里有一点就很好，它规定了任职期限。如果有人不幸成了部长，两年任期结束了之后也会恢复为白身。我觉得这倒是一个不错的规定。正因为终有一天会恢复为白身，所以在任职期间就不会选择乱来。而且，普通人中也有人曾担任过部长，这也能对现任部长起到一定的约束作用。但是，这一制度很难复制到公司里。如果公司职员不想晋升为管理人员的话，那么他只能选择辞职单干。但如果真的选择了单干，那他就很有可能失败。现在的社会存在着这样一个问题，即公司缺乏允许职工自由择岗的有关规章制度。

话说回来，最近出现了一个有趣的现象。在深受公司重视的经营者中，那些年过四十却依旧有辞职想法的一类人反而工作做得更好。对他们而言，就算年纪大了跳出公司也无妨。

一些人确实从公司跳了出来。就算留下,也未必适合管理。也就是说,在四十岁之前发光发热会对公司更有帮助。其实没有必要为一家公司尽忠职守一辈子,十年也好,二十年也好,在公司期间为公司奉献力量就已足够。

说回前面提到的二十多岁的编辑,他们很显然就是这样的。对他们来说,三十岁辞职反倒是他们有能力的象征。这就和自由职业者很相似了。但话说回来,如果没有这些人的话,公司会逐渐趋于管理化,信息生产这部分工作就会被架空,公司最终会变成如同事务机构一般的存在。当信息生产工作被全部外包给自由职业者后,公司就一点用武之地也没有了。从这个意义上讲,那些半途离职的女性有可能恰合时宜。从某个角度来说,她们的离职对公司而言也许是一件好事。正因为她们的离职,公司才能不断注入新的活力。

以二十年为单位思考人生

人活得越久,就越能理解这世道的流转之法。就在最近,还有人提出了"人生二十年"的观点。身体中的细胞是处于实时变化中的,每过二十年,我们脑内的神经回路想必也会发生翻天覆地的变化吧。唯心论认为,回忆不过是自创的故事,它终究会被时光所美化，唯有精神永久流传。

我本人是很赞同"人生二十年"这一观点的。二十年前的我与现在的我有着很大的不同。如果真以二十年为一个时间节点的话，当我八十岁时，就已经历了四次"重生"。

人们常说孩童没有什么闪光点。"其实孩童的闪光点就是他们的孩子气"，这种话披着人道主义的外衣，听着就令人倒胃口，反正我是不怎么喜欢。其实，孩童没有闪光点是很正常的一件事。在第二次人生，即二十到四十岁的这一段时期，我们将会在社会中摸爬滚打。而为了以后能更好地适应社会，二十岁以前想必大家都是过着被安排好的日子吧。这似乎已经成了一种成长模式，即我们总是为了未来的美好人生而选择压抑当下的人生。

早在很久以前，孩子们就已经面对着另一个世界了。孩子们并没有太多的孩子气。有的孩子总是想要长大，有的孩子一直不停地模仿大人，还有的孩子想方设法地要融入大人的世界。孩子们应该有类似的感觉吧。如今已经很难见到有"活在当下"的想法的人了，尤其在学校里和在社会上就更难见到了。以前人们常说："少壮不努力，老大徒伤悲。"这话确实没错，但却不能囊括所有情形。我二十岁之前曾经历过战争，当时我真以为自己活不过二十岁，所以就想着要活在当下，便开始积极地展现自我。而如今，人们

以 20 年为单位的一生

根本没有"当下"这一意识了。

前段时间，我还听到一个中学生的抱怨："我从未见我爸妈解开过联立方程式，凭什么我就一定要会解？"其实这很正常，等你们到了为人父母的时候也解不了方程式。所以，何不趁现在能解方程式的时候尽量去解它？

此外，"活在当下"这一观念在运动、音乐等领域也很适用。年纪大了以后可以选择参加中年足球队或中年橄榄球队，还可以弹弹吉他。但是，现实是很少有人会真的去实践。所以何不趁着年轻感受一番弹吉他或踢足球的乐趣呢？在女子学校时，你是文学少女，但结婚后可能就会变成一个浑身散发着大酱味儿的阿姨。其实，这些转变在我看来都很正常。但我不能理解的是为什么不允许孩子们趁着年轻做一些他们想做的事情？

社会人的逻辑就是计划与生产。假设二十岁到六十岁之间是社会人时期，那么成为准社会人士之前的这段时光就不属于计划与生产这一逻辑的范畴。从某个角度来说，就是可以随心所欲地做自己喜欢的事情的时光。尤其是男孩们，更应该尽情"放纵"。但现在男孩们的状况越来越糟糕了，作为社会人的未来重重地压在他们的肩上，对此我也无能为力。若是将工作时期分为前期与后期的话，那么四十岁左右是一条泾渭分明的分界线，正好前后都是二十年时光。人到四十,有人自立门户,也有人换工作,可选的支路数不胜数。而当人到了六十后,就进入后社会人时期——我现在就处于人生的第四阶段。如今,"六十岁正值壮年"这一观念正侵蚀着人们的思维。

最近,有个现象让我感到很无奈,那就是如今的社会正在想方设法地榨干老人们最后的劳动价值,使其为社会做贡献。我希望诸位能放过年迈的老者。人们常说,增长的年龄也是你的优势之一。我对此很是赞同。这世上不是有很有风度的老爷爷吗?比方说,如果你来到一座神社,发现了一棵古树,这棵古树已经破败不堪,走近细细打量一番便会发现此树已被虫蛀空。这蛀空的树干令人感到不安,似乎随时会有蜈蚣从空心的树干中钻出来,稍不留神甚至还可能会有蛇从里面爬出来。但是,当我们置身于这样的环境中时,会感受到时光的流逝,心也随之安定下来。

存在本身就具有某种意义,我认为这是老人的艺术。其实,老人们能为社会贡献一份力量就行了,没必要时刻将社会人的生存价值挂在嘴边,更没必要说些"人必须为社会发展做贡献"之类多余的话。别人怎么想我不知道,在我看来,这些话语只会给倾听者带来沉重的压力,说出这些话的人必定有强迫症。

综上所述,我认为以二十年为单位逐步思考人生的这种方式十分合理。现在的学生们，尤其是男学生们，就像保险公司一样，连自己退休后的生活都考虑到了。明明他们才二十岁……看着他们我不禁感慨起来，他们现在不才正处于二十至四十岁这一人生的第二阶段吗？才二十多岁的他们根本无法预见二十年后，也就是他们四十岁时的人生。但现如今的状况是，这些年轻人为了幻想出来的第三阶段人生而限制了自己第二阶段人生的发展。这也是如今男性们性格阴郁的原因之一。反倒是女性们的观点相较从前有所变化，因为无论如何未来都难以预测。

亲子分离

曾经有一段时间思春期和思秋期成了人们热议的话题。前述第二、第三阶段人生的过渡期，即四十岁左右，是人生中的第二次独立时机。何谓第二次独立时机？其实就是不再约束子女时期。好像有一个神话提及"经历痛楚生下的孩子一般会与母亲心心相印"。我是男性，没有经历过生产之痛，自然也不清楚母子连心是否为真。

我想，在不久的将来，也许男性也能生孩子。有人做过动物实验，发现雄性是可以产子的。实验过程就是先将试管胚胎植入雄性体内，令其在横膈膜着床，待时机成熟后再剖腹取子。受体内激素变化的影响,男性怀孕后想必也会出现严重的孕吐反应吧。所以我不太想自己生孩子。

虽说有母子连心一说,也有相关的神话传说予以佐证,但这种说法无论怎么看都让人觉得很生疏。倒是亲子分离现象可能是当今最大的社会问题。尤其是今日早已不同于以往,孩子们从孩童期无缝对接成人期,在成年后就必须外出闯荡。这就造成了亲子分离的现象。

最近有一个刑事案件成了人们的谈资。一对夫妇不停地生孩子,孩子生下来后就不管不问,其中一个孩子在十几岁时杀死了自己的妹妹。对于此事,社会上似乎有一些非常负面的评价。仔细想想,那孩子已经十几岁了。这世上有因战争死亡的孩子,也有许多从战争中存活下来的孩子。虽然这个案件与野坂昭如的《萤火虫之墓》[13]中哥哥因过失而导致妹妹死亡的情形有所不同,但即便没有故意伤害,孩子也可能会夭折,这在地球上是很平常的事。[14] 反倒是那些亲子关系过分和谐、彼此无法分离的现象才叫稀奇。

民间传说和神话中有不少弑父、弑母、杀子的故事。人们在意识层面弑父、弑母、杀子,投射到现实

13　日本小说家野坂昭如以第二次世界大战中的亲身经历为题材创作的半自传性质小说。
14　此处仅代表作者观点。

中就是舍弃父母或孩子。父母即便被孩子舍弃了也能生存下去，孩子即便被父母抛弃了也依旧能存活。抛开现实不谈，粗暴地将舍弃父母或孩子断定为一件无耻的事情并非明智之举。我认为这会成为一种压迫。我们不妨通过想象来补充说明一下舍弃父母或孩子的缘由。或许有人会说："我有时觉得自己的母亲是从话本中钻出来的妖女，有时又觉得自己的孩子是远道而来的座敷童子[15]。"

我认为，母子之间的一体性与二者作为独立个体的差异性这二者之间应该保持一种平衡。如今这个时代，在人们的意识形态里，母子之间存在着很深的羁绊。所以，当社会上偶尔出现几起舍弃父母或孩子的案件时，人们就会格外难受。而难受的根源不是因为曾经经历过生孩子的苦楚，而是因为如今人们难以从现有的母子羁绊中脱身。

女性独立通常被认为是女性离开家庭、走向社会，但我认为亲子分离更有意义。我认为女性第二次自立的时机，就是将自己从家庭中解脱出来，开启独立生活。当然，这不意味着女性们真要收拾好东西离家出走。尤其在以家庭为核心价值的日本，孩子通常被认为比丈夫更重要，所以孩子曾经是女性自身价值的中心。但是孩子终将离开，因此母亲必须学会如何

---

15 日本传说中的一种妖怪，形貌多为3—6岁的小女孩，性情顽皮，能庇护其所寄居的家庭，保佑其繁盛。

独立生活下去。

谁也不清楚人生的轨迹究竟通向何方

除了之前提及的写作大赛外,我还曾担任过广播大赛的评审。参赛作品都是时长约五分钟的广播剧。现在的少男少女(以少女居多)似乎喜欢阅读少女漫画或是赤川次郎、新井素子等作家的作品。此外,这些小年轻还喜欢听深夜档广播。说来也奇怪,虽然这些都属于青年文化,但是在幕后从事相关工作的却都是中年人。这些工作需要考虑受众群体,即年轻人的喜好,但中年人是不可能完全掌握年轻人的喜好的,毕竟那些都是年轻人的文化。我们这些个老头老太太已经年纪大了,总是不得不感慨自己已经完全跟不上现在年轻人的审美。换言之,我们也迫切地想要感受青年文化的冲击。

现在,我偶尔也会被青年文化所触动。这些文化虽不够成熟,但是审美却非常新颖。不过,如今处于主流地位的还是校园文化,且这类文化有相当一部分受众是高中广播部、文艺部的老师。尤其是男生们,他们深受校园文化的桎梏,被压抑得很厉害。女生们倒是正在一点点地从桎梏中解脱出来。

这里,我以一部时长约为五分钟的广播剧为例。

男主先是考入了好学校，毕业后又进入了好公司。如此，承载着他人生的列车正按部就班地沿着既定的人生轨迹前行着。在列车行进的过程中，他缓缓睡去，于是一切都安静了下来。突然，出现了一片广阔的原野，原野上满是盛开的白色小花。不知从何处而来的少女出现在男主眼前，于是他们一起跳起舞来。当男主回过神来，发现原来是一场梦，而他所乘坐的列车依旧单调地发着"咔嗒、咔嗒"的声响……以上这类故事情节也太老套了，我们一眼就能大概知道故事的发展脉络。但是，学校的老师们都很喜欢这样的作品。他们会说，"这故事不失为对社会的一种批判"，"这故事表达了人们对自由的向往"，等等。但是我觉得这种故事实在是太蠢了。

老师们的两点评价显然是不贴近现实的。就像先前所说的，有些人会在四十岁左右选择辞职，而公司本身也在不断变革之中。

最近，我参加了一次制铁公司内部的团建活动。参加人员有十余名，都是四十多岁且新晋公司管理职的"铁血男儿"。我问过他们现在各自的工作内容，发现基本都和制造钢铁无关。"我在做生物工程方面的工作"，"我现在从事的是土地开发"，"我的工作属于信息产业"……如此多跨领域的人才，也不知他们是怎么聚集在钢铁公司的。就好比有的人进了造纸公司工作，而他工作的内容是制作熏鱼一样。

在有的公司里，调职到分公司工作是成为公司精英的必经之路。趁着年轻被指派到分公司工作，有人选择在子公司晋升至管理层，也有人选择大展才华后被调回总公司。在有的公司里，一直在总公司工作的员工反倒是万年陪跑。

所以，其实人的一生并没有什么固定的轨迹。我们可以在四十岁的时候选择换乘，也可以沿着扔黄瓜扔出来的轨迹前行。因为并不清楚自己的人生究竟会通往何处，于是有很多人会选择换乘，或是在中途下车，奔向原野。

换个话题，我来说一个带有大正浪漫主义色彩的故事。一幅自由女神少女图的问世，其背后隐藏着一个真相，即绘画所使用的稿纸与画具皆是男子典当其妻子的和服换来的。感觉现在的自由职业倒是与信息资本主义挂钩了。广告撰写人也好，插画家也罢，都是在想方设法地取得消费者的信任。与其说现在的人都很自由，倒不如说现在的人正趋于多面化发展。所以，名为"自由"的世界与少女图中的世界是不一样的。人生的道路也好，少女的世界也好，皆有谎言寓于其中。简单地将自由人神话与职场人神话捆绑在一起，创造出人人向往的事物，这手法也太没新意了。这就是校园剧，想必老师们会很喜欢。

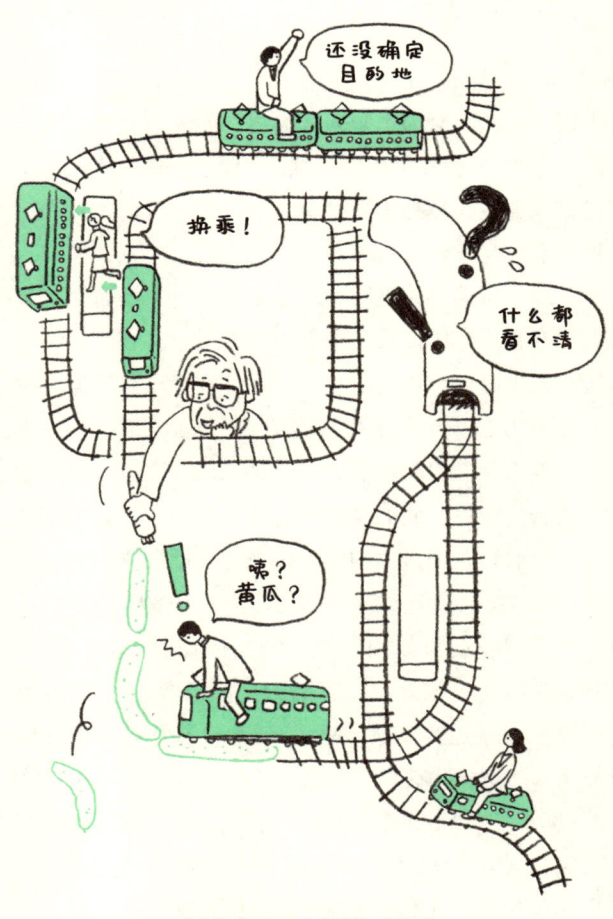

"人生只有一条轨迹"的谎言

第 2 章 不见前途是常态

活在当下

我算是一个比较乐观的人,并不怎么关心未来的事情。有些人会为了未来成为更好的人而选择在当下隐忍。"摒弃孩子气后就能成为大人",这很明显是个谎言。那些在精神上多少保留些许孩子气的,长大后反而会成为一个有趣的人。

综上所述,人最重要的是活在当下。换言之,我们只有在第二阶段人生中努力奋斗过了,在进入第三阶段人生时才会更易成功。若是你在第一阶段人生中不去努力奋斗而只是终日喊口号:"为了第二阶段人生,我选择隐忍!"那么你的第二段人生也不会好到哪里去。所以,我们需要做的就是专注于活好当下的日子。而且,把人生的各阶段视为彼此独立的部分也会轻松许多。世界或许正朝着这个方向发展。

我曾和朝日新闻等媒体的新闻记者有过一番闲聊。当时,一位外国记者问另一位记者:"您曾在哪些媒体高就过?"他回复道:"我只有在朝日就职的经历。"那场面多少有点尴尬。在美国,有多次跳槽的经历是一件很正常的事情,有能耐的记者一般会与几家公司保持联系,最后被其中一家公司挖走。我想,在今后的日本,这种现象将会越发普遍。

不过,说到这件事,我就想起了自己,毕竟我已经在京都大学工作了三十余年。

即便身处同一职场，工作也会发生变化

就我个人的经历而言，年轻时我曾以为大学是靠研究赚钱的。直至三十五岁时，我才幡然醒悟，原来大学的赚钱之道并非研究，而是教学。尤其是当上助教授[16]后，我才渐渐地明白了这个道理。后来我成了一名教授，也明白了京都大学支撑着其名下的整个组织。进入大学工作后，我发现日本的大学与美国的大学并不相同，日本的大学没有专门的行政岗位。因此，随着年龄的增长，大学老师的行政工作也会相应增加。虽然存在着个体差异，但大致的职业路径是从研究到教学，再过渡到行政。

日本大学的组织架构很是奇特，而教师业绩的考核是以研究成果为依据的。因此，表面上大学里掌权的是行政，实际上掌权的却是教育。学界权力的衡量指标是教师能否广收徒弟，而不是看你有无重大研究成果。

不久前，学生会曾采访过我。"老师，您最近的研究进展如何？"我回答道："怎么回事？你不知道用这个问题问一个四十岁以上的大学老师很失礼

16　相当于中国的副教授。

吗？"一般来说，只有二三十岁的年轻人才会乖乖回答道："我的研究……"而人过了四十岁以后，多多少少会在研究中碰到一些瓶颈。当然，也有可能是因为大家都不依靠研究赚钱了，所以在研究方面也就没有那么努力了。因此，一个人担任助手的时期，就是所谓的他的"研究时代"。我当助手的时候也差点被炒鱿鱼。从找工作的经验来看，助手还算不上是学校的正式员工，因此他们也不用对生源负责。感觉助手一职可能更接近个人研究员。

当一个人成为助教授后，就会有许多义务纷至沓来，他也必须要对学生负起责任。就这样，他顺理成章地加入了大学的组织架构中。不过，助教授的主要工作还是教学，而当一个人成为教授后，他就要承担部分的行政工作。有许多国外学者会奔着见助手一面而来，他们中的许多人甚至都不知道教授的名字。此现象实属正常，因为大学里的研究与权力是分开的。

经多方调查后我发现，东大的物理系助手（数学系估计也一样）无法晋升为助教授。虽说专业不同情况会有所不同，但至少在物理系就是这样。所以，就出现了以下这条成才之路：东大的助手去京大做了助教授，京大的助手到东大做了助教授。

在日本的大学中，最奇怪的当属名古屋大学了。据说，在名古屋大学教师只有一次晋升机会。当一个人被录用为助手后，他可以晋升为助教授，但无法更进一步成为教授。而当一个人被录用为助教授后,他是可以晋升为教授的。也就是说,名古屋大学规避了直升的可能性,打破了惯有的教师晋升模式。

研究者的未来发展之路

不过,如今虽然制度层面的问题不容小觑,但最大的问题还是研究者的未来发展之路问题。一般而言,一位研究者工作二十年后才思便会渐渐枯竭。如果一个人在二十年间终日只做同一件事,那么他最终走向停滞状态也是情有可原。

假设有人在三十岁时拿到了一份不错的教职,那他四十岁以后的路该怎么走比较好?一个选择是成为领队,也就是在年轻时就开始广撒网收徒,待徒弟们出息后便可站在学界的顶端。选择这条路的人会收许多徒弟,一个专业的团队少则五十人,多则上百人。这百余人中总会有一两个人脱颖而出吧。如果按照这个比例来算,再加上副领队,一个团队的精英人才其实最多不过数人。这之后就看领队如何运作了。实际上,领队根本不用运作,他只要坐享其成就行。

有人选择在三十岁时迈入职场,将培育好的绿植移栽至盆中,终日为其浇水。待盆中的绿植开出零星小花后,便开始慢慢欣赏自己的成果。这是最常见的一类人的做法。

接下来说说最厉害的一类人。这类人占极少数。他们会拓宽自己的专业领域，会把相近的专业或不太相关的专业联系起来。其实，给专业来个大变革是件好事。举个例子，你原本研究的是数学，以后就可以研究数理生物学。在数学领域，从事代数研究的人也可去研究解析。人文系亦是如此。有人原本研究的是心理学，而后转为研究社会学。这样做极有可能开出新的科研之花。

我原以为每个专业遭遇瓶颈的时间各不相同，只有数学和物理是以二十年为瓶颈。于是我询问了文学部的同僚，才发现实际上都是相同的。在人文的世界里，归整是一件极其烦琐的事情。本以为文学研究者在二十到四十岁这段时期的工作就是归整出一本不错的书，但到三十岁时他才发现，原来只是在混资历而已。到五十岁时，他会拿出一个毕生研究成果。但实际是，这个研究成果早在他二十到四十岁时就已经完成了。京都大学最传统的专业当属中国学。一般而言，研究中国学的人都是资历至上主义。在询问了同事后，我发现这是事实。但资历这种东西不过是为了震慑年轻人罢了，实际上许多人在工作二十年后早已江郎才尽了。由此，我不禁猜测，连京都大学的招牌专业中国学都这样了，其他专业想必也是如此吧。其实，我觉得研究其他领域没必要像研究数学那般繁杂。

厉害的研究员

日本有一个弥永奖[17]，国际上有一个诺贝尔奖。诺贝尔奖想必大家都听过，弥永奖在日本就相当于数学领域的诺贝尔奖，不过二者之间的区别还是蛮大的。相比之下，我觉得菲尔兹奖可能更好一些，但是此奖有年龄限制，获奖者不得年长于四十岁，有的获奖者甚至只有二十余岁。总之，只要你年龄超过了四十岁，即便你有好的科研成果也无法获此奖项。即便你三十岁时就有好的科研成果，四十岁以后再去申领此奖，也不会被追补认证。这就是此奖设立的获奖门槛。弥永奖也是一样，只有四十岁以下的人才能获得。也就是说，这两个奖的性质应该与原来的芥川奖一样。这些奖项设立的主旨是培育新人才，而非为研究人员增添功劳。

不过，弥永奖与菲尔兹奖的设立理念还是有所不同的。据说，弥永奖倾向于某一研究领域的未来领军者。也就是说，获奖者大概率会专攻某一领域。但菲尔兹奖不一样，有人三十岁就做出了国际性成果，有了申领菲尔兹奖的资格，但如果他到了四十岁还在这个专业领域内的话，就会被大家嘲笑。我发现很多人到了四十岁后都会选择跨其他的专业领域。为此，广中平佑[18]当时可是愁得很。

17　由日本数学家弥永昌吉捐资设立的奖项，旨在奖励与鼓励对数学发展做出重要贡献的青年数学家，1987年废止。
18　日本数学家、菲尔兹奖获得者，主要从事代数几何研究工作。

不过，在日本，还是靠着吃老本，即仰仗前述的"培养后生"而活最为稳妥。而美国的社会人际关系很是冷漠，人人都有可能被他人嘲笑。例如，有人会和你打趣道："你别看那人现在这样，他三十年前可是大名人，现在却变得傻里傻气了。"在日本则不同，人们十分重视过往的成就。不过以后怎么样不好说，毕竟未来也有可能会朝着美国的趋势发展。

此外，在日本，如果你去到一个新地方，那么很可能会遭到霸凌。如果你上了年纪的话，虽然不会遭到霸凌，但是会被大家嫌弃。试想一下，许多人在这样的职场环境中度过了二十余载，有一天突然进来一个奇怪的人，原本的平静就因之被搅乱了。不过，我觉得这种环境是一定会变的，因为已到了不得不变的时候。

摒弃过往经历

我认为，即便没有十年、二十年，若是能自由选择，花五年时间来做一些不同的尝试就挺好的。

其实，在日本很难开展一些具有冒险性质的实验。实验员真正做实验只需要一年时间，但为了准备实验却需要花费整整五年。他们需要购买、准备各种实验器材，需要制定实验计划，等等。不过话说回来，像这种耗时五年的实验，即便失败了也照样可以撰写论文。不过这种论文获得的评价一般不高,也可以说那五年时光相当于浪费了。在日本,如果一个实验花费了三年时间依旧没有什么成果的话,这个实验也就很难继续下去了。但在美国与欧洲,当有人花费了五年时间却依旧没有做出研究成果时,他们会更加努力地继续研究下去。

我查阅了一番有关研制出原子弹的曼哈顿计划的相关资料。让我觉得可怕的是,从某种意义上说,军事研究和企业研究让美国的学术圈变得无比健康。

这里简单介绍一下较常见的学术风气。一般的学校体制下,研究员会基于研究过程形成论文,并以之确认业绩,随着业绩的积累,研究人员会逐渐获得更高的权威。然而,据我所知,曼哈顿计划恰恰与之相反。其中最典型的是,在研究计划参与者中有像理查德·菲利普斯·费曼一样的研究员。他们会在研究生院等教育机构中挖掘各种各样稀奇古怪的人才。因为是创造新事物,所以考虑的不是过往业绩的总和。曼哈顿计划参与者中有不少像费曼一样的名人,不过大家都隐去了姓名,所以参与这项计划本身就是一个秘密,那些参与者的身份时至今日都有可能不会被公之于众。

换言之,参与研究本身就具有一定的匿名性。最终所有研究成果会被强制列为军事机密,因此这类研究具有与学院体制完全隔离的性质。这类项目十分严格。从制度上来说，从事研究的那三年时间是不能被提起的，所以研究人员的简历中会有一段空窗期。不过，一般参与这类研究的人员都是默许了此事的。这项研究的困难程度连费曼都难以招架，就像是住在曼哈顿的美国人突然来到日本一样，给人的感觉是两眼一抹黑，就像是来到了异世界。但是，过个三年五载，研究人员的心态就会发生改变，会认为隔离在这世界里也还不错。如今这世道，滚滚改革浪潮正波涛汹涌。

最近，提倡拼论文、涨业绩——以发表论文数量至上的学院主义有逐步崩坏的迹象。一般来说，学院派会出版一本在业内有一定权威性的杂志，而杂志出版团队中同样会有在业内有一定权威的评审。这类杂志上登载的文章会被看作论文作者的业绩。然而，如果真的选择此道，他需要花费三四年甚至更久的时间。在我看来这种行为简直太傻了。而且有时候时间上根本来不及。实际上，在刊登之前，预印本之类的论文原稿复印件早已通过内网传播至世界各地了，而后又会经由公共网络不断传播开来，并且有很大一部分是通过口口相传的形式进行传播的，如电话、研讨会，等等。人是"原件"，论文是"复印件"。在学院主义内部，"研讨会至上"一派正悄悄渗透"发表论文数至上"一派。

最近发生了一件趣事。在美国，有一个年轻人获得了基础数论领域的奖项,不过他从未发表过论文。尽管名声大噪,被争相邀请参加各类研讨会,也获得了不少奖项,但对于撰写论文一事他似乎并不热衷。

如今的信息化社会是过去的信息越来越多地存入数据库的结果。不过,当下所获得的评价取决于当下的辉煌,过去发生了什么已经不再那么重要了。

第3章

何为活出自我?

什么是一技之长？

这世间众生形形色色，如果所有人都过着同样的生活，也未免太无趣了些。我们得摸索出适合自己的生活方式。

如果用司马辽太郎[19]的口吻来说的话，应该是"如少年般的正义心"吧。在小学阶段，如果被人正面推了一把，通常小学生们会"哇"的一声扑过去。但是到了中学阶段，那些长期被霸凌的学生会逐渐转变成为施暴的一方，他们曾经拥有过的"如少年般的正义心"早已不复存在了。怎么说呢，他们就好像患有精神分裂症一般，胆怯又懦弱。

那么，何为一技之长呢？简单举个例子，好比有人有超强的制衡能力。在相扑比赛中，如果一击就制服对方的话，也就没什么人看了，还是双方胶着、拉锯一段时间更有趣。我个人其实没有要将敌人一网打尽的想法，在我看来，如果能尽可能留下一部分敌人使之为我所用的话会更划算些。

乌蔹莓，光从名字来看，想必许多人会认为它是一种对森林有害的绿植吧。所以，有人提出是不是铲除这种植物比较好。但实际上，如果真的铲除了它们的话，森林也有随之消亡的风险。森林外围的边缘地

---

19 日本小说家，专攻历史小说。

带长着许多爬山虎，它们起着保持森林良好通风、抵御部分阳光的作用。如果将它们一一铲除的话，林间的风力会变得更强劲，森林或许也将在消亡的边缘徘徊。这些看似阻碍着森林生存的植物却恰恰在为保护森林而持续"发光发热"。我联想到一个流行语——共生——那些看似相克的生物之间形成了依赖共存的紧密互利关系。敌人对我来说也是可利用的对象，因此不可将其赶尽杀绝。但是我们也无须一味忍让，应适时予以还击。

人们在年轻的时候应该都有过与朋友激烈争论的经历吧。我其实有着极强的争辩能力。在争辩中，我的一技之长是采用生存游戏法，自断对自己不利的部分。也就是说，我们在思考事物时一般都会有一个较为固定的基础思维模式，因此不妨出其不意地打破对方固有的基础思维模式试试。如此一来，对方就没有了驻点，只能被迫前往下一个驻点。随后我们再故技重施，层层推进，对方自乱阵脚之时便是我方获胜之时。争辩到了最后其实就是在比拼哪方的制衡能力更胜一筹，而这就是我在辩论关键时刻的必杀技。

但是，此法不适合正面较量，宜用于乘胜追击之时。也就是说，此战术旨在谋求敌人的自我灭亡，所以不到万不得已之时一般不用。因为它可谓是"伤敌一千，自损八百"，会动摇人们思考事物的固有基础思维模式。至于能动摇到何种程度，那就因人而异了。

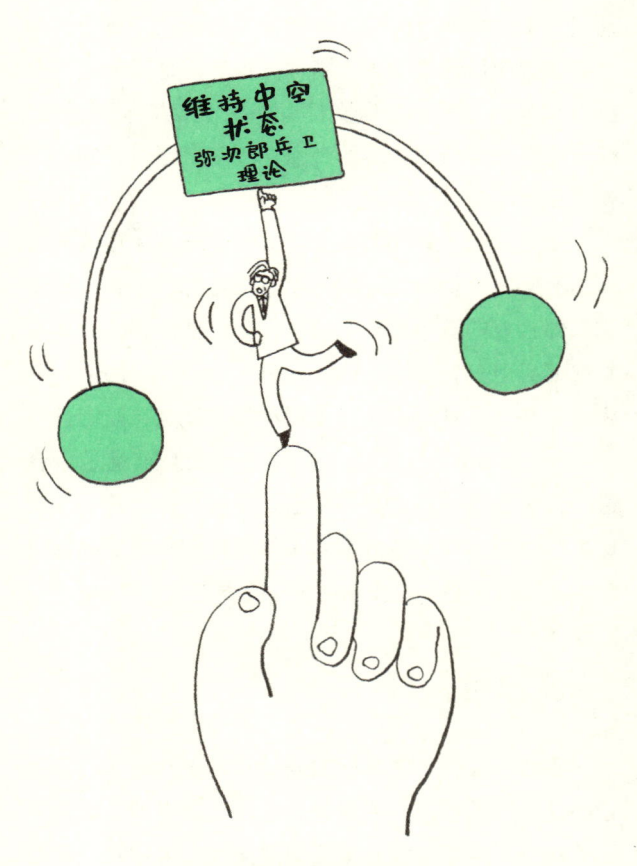

图中状态有着极强的稳定性

我将上述内容称为生存技巧，其实它原本是使人动摇之法，精神分裂症患者大都深谙此法。我个人不大可能因使用此法而患上精神分裂症，是因为大体上拥有较强的自我认知做支撑。如果你有了某种观点，那一定要思考与之相反的观点，放空自己也无妨。这就是弥次郎兵卫[20]理论。

众所周知，弥次郎兵卫两侧平衡杆下端连接的物体是有一定重量的。正因为左右两端都有重物，即便弥次郎兵卫的躯干是空心的，重心也依旧很稳。如果弥次郎兵卫只有一个主体，即只有中间部分的话，就相当于整个玩具只立在一个很小的支点上，稳定性自然会很差。这时，人们会去关注玩具的重量是否合适、桩子是否够深、整体构造是否够坚固，等等。相比之下，还是将主体分散开来的做法能获得更好的稳定性。这其实是一个很简单的生存技巧。

孤独也很好

我常常去听学生之间的研讨，发现有的人总是急于表达自己的观点，或者说，总是有意向他人灌输自己的观点。不过我没有半分想要向他人灌输观点的心思，我想这可能与好胜心有关吧。话说回来，在这种

20　日本江户时代一种平衡小人玩具的名称。

场合里，如果我能说一些俏皮话来活跃氛围，那倒是会相当不错，但如果被要求"说点什么"，我就会感到很困扰。

我不会像"见解征服"一样疯狂地向他人输出自己的见解，一般采取的是偏娱乐的方式，就像是玩游戏一样。可见我就是个不折不扣的游戏爱好者。

中学时代，我曾听过"日本必胜"的传闻。当时的日本人都认为美国人推崇自由主义又爱享乐，战败的话便会立马投降。这也难怪日本后来吃了大亏。期待对方做出一个不太好的选择本身无可厚非，问题在于如果在期待的同时不考虑对方也有做出一个好选择的可能性的话，这游戏就到头了。"我们这样做，对方就应那样做"，此等逻辑违背了游戏的原理。无论是围棋、象棋、麻将还是桥牌，当我们以这样的逻辑进行思考时，也应该明白对方有一定可能会出其不意。所以在游戏中我们需要思考很多内容。例如，"下一步对方多半会这么做吧"，"也有可能会这么做"，"要不我给他设个陷阱吧"，等等。虽然我们会思考很多种可能性，但绝对不能固执地认为对方一定会按照我们的设想行动。可惜的是我没有什么实战经验，因为我是个孤独之人。

说到孤独之人，现在热爱电子产品的少年越来越多了，与此同时，也出现了一些热衷于批判这些少年的家伙。我对这些家伙很是不爽，因为我也常被别人说三道四。例如，有的人会说我不应该只知道读书，而是应该多去外面和朋友玩耍什么的。

其实，喜爱文学的少年大多都是孤独的。虽然偶尔也能遇见有共同话题的人，但大多数情况都是话不投机。有人说，如果只接触电视的话，那么我们的世界将会变得越来越小，对于书本也是同理。于是乎也就有了那些说教，叫我们不要读书，而是要与社会打交道。我本人是很善于交际的，但当听到有人说孤独不好时，我就会很生气。

确实，终日沉溺于书籍对我们的眼睛有害，甚至在以前还容易让人患上结核病。但每当有人和我提及孩子就应该充满活力地在户外玩耍时，我就会产生抵触情绪。每当这个时候，我就想反驳他们：孤独到底哪里不好了？于我而言，孤独也很好。

即便没有书和电视，我也会独自一人玩模拟游戏。也就是说，我会把自己的人格分裂为持正反不同意见的两个我，并由此展开争论。如此一来，我便越来越擅长玩自我分裂游戏了。因此我也越发明白，与其归总一种意见，还不如在制衡中生存。

尺有所短，寸有所长

人们总觉得在与人谈判或社交时游刃有余的一方更胜一筹。在对方慌乱之时，若我方依旧沉着冷静，那么我方便基本胜券在握了。不过我们也应当相对地看待问题。

绝地反击往往更有力量，做任何事都是如此。即使一个人自我封闭、隐忍持重到了最终的走投无路之境，当他意识到"只剩这一个办法了"的时候，也可能会一鼓作气行动起来。这显然是很有力量的。革命便是善用这种力量的一种方式，凡事都冷静自持的话，也就不存在革命了。

不过话说回来，我并不是一个革命主义者。当革命爆发后，即当人们想着"只剩这一个办法了"变革成功后，现状通常很难维持。因为革命的力量过于威猛，最终会走向失控。如果人们相信能掌控这股力量并一意孤行的话，他们最终会被送上断头台。而这世道总是要排除那些清醒的人，因此像我这样的稳健派也可能会被送上断头台。接着，反革命斗争不断推进，罗伯斯庇尔式的恐怖政治也将逐渐行至末路，然后社会再度迎来反动。

若我身处这样的环境中，多半会过得很惨。假如我成了领导者，也铁定无法掌控局面。因为我不知道从长远来看，对某件事投入太多的思考是否真的对社会有益。不过，不管怎么说，我还是觉得这股力量引发的革命有时还挺有趣的。

在革命过程中维持反革命力量异常艰难，因为革命是一场席卷一切的动荡。若有人在革命的浪潮中说了反革命的话,那么他很有可能会被格杀勿论。这种情况下人们的生活很是艰辛,也别无选择,只能尽量低调地活着。我们常听到有人发牢骚说:"你们为什么不能理解我的想法?"我倒是觉得怀揣着"我的想法怎么可能任由他人知晓?"这种想法生活更为安全。毕竟,要是被他人知晓了自己的想法,是有可能会丧命的。

我喜欢像蘑菇一样在阴暗处自由地生长。像我这种类型的人要是强出头的话,会有受伤的风险。因为一旦要出头,就不得不表明我们的真实想法。而当我们表明真实想法时,如果背后有权威撑腰,就会极度惹眼。如此一来,平时写些东西、谈论一些事情、发表一些评论倒也还行,但一旦要进行演说就难以应付了。因为演说需要相应的感染力和号召力,要求简洁明了。我个人就不太适合演说。因此,我觉得有些烦琐的事情还是在心里处理好,再尽可能地根据当时的社交情况应对处理更轻松一些。

当领导不是人人都合适的,不适合的人要避免使自己置身于那样的状况之中。但是,一不留神的话,不想当领导的人也有成为领导的可能。

一旦我们当上了部长,就必须要自信满满地做好答辩、劳资谈判等方面的工作。要是说着"这样也行……"来参与劳资谈判的话,就很不合适了。所以,领导者需要具备预备谈判的技巧、与负责人交涉的能力，等等。日本自民党的金丸信曾说过："我并非首相之才。"我一直以来都很欣赏这种有自知之明的人。

让我们秉持着重在尝试主义而活

还有就是，不知道接下来说的情况是不是和大家一样，我其实是一个不太聪明、容易失误的人。因为我本人秉持的观点是重在尝试主义[21]，所以我会把自己失误的一面也纳入考虑范畴，以确保失误的时候尽可能是在做一些相对安全的事情，这是我的基本防卫战略。

最重要的一点是，尽可能不出现在别人期待你出现的场所里。其原因是，如果我们出现在被别人期待的场所中并且表现失误的话，就会辜负对方的期待，容易给对方带去一定的伤害。但要是我们出现在不被人期待的场所中，那即便失误了也无所谓。

举个例子，我曾经是一个擅长数学的少年，即便成功地解开了数学难题，别人也不会对我有特别的感慨。但一旦我失误了没有解开题目，那么老师就会

---

21 原文为"ダメモト主義"，"ダメモト"是日语惯用语"駄目でもともと"的缩略语，以片假名书写有强调意，大意为"即使失败了也没关系"。

说:"我本以为你能解开这道题的。"但如果是英语题目的话就不一样了。因为我是个擅长数学的少年,从没展现过自己的英语能力,如果我能流利地说英语的话,那就超出了大家的期待,反而会获得赞扬。如此一想,当然是在其他领域也有出众的表现更好。于是乎,英语、语文、社会等都开始慢慢变成了我擅长的科目。

书评也是如此,每人个性不同,写书评的方式也各不相同,倒也没有绝对的高下之分。当明确了自己的工作职责之后,有的人会尽可能选择自己熟悉和擅长的领域大展拳脚,而有的人则会尽量选择自己没那么擅长的领域。我个人信奉重在尝试主义,所以自然是选择后者。对我而言,这是一种更令人愉悦的书评写作方式。

举个例子,假设我要给物理学家霍金的一本书写书评,想来便知这本书与数学多多少少有些关系。如此一来,此书的读者也相应地多为物理、数学相关行业的工作者。同样,当我在科学杂志而不是报纸上发表了一篇关于此书的书评后,自会得到许多与书籍内容相关的同领域工作者的注意。所以这种时候我就会约束自己,要求自己尽可能不要出错。可想而知,这种书评很难自由发挥。而如果书评对象是文学类书籍的话,写作起来就会轻松许多。并且,随着书评数量的增多,我们个人擅长的领域也会逐渐扩大。

此外,这也关系到平衡感。我基本上秉持的都是"今日事,明日做"的方针。学生时代,我一般会把暑假作业放在假期快结束的前三天集中完成。确实,不写完作业的话,整个暑假都会有种不安的感觉。但是,我觉得能做出一副淡定的模样也不失为一种美学。此外,我对自己的情况很有自知之明,因此并不会真的将作业一事抛到九霄云外。当然,这种做法也有失败的时候。但是如果没有失败的概率的话,也就没有刺激感了。不过,被逼到走投无路的时候,能做的事情还是很多的。

所以,我认为在做本职工作之前,应该做些其他事情,因为从结果来看,这种做法可以大大增加我们的完工量。与其先做完必须完成的工作再悠闲地度过剩余时光,倒不如将必须做的事情放在最后。例如,在必须为某本书撰写书评的时候,我会先将此书放置在一旁,如果这时恰好收到其他书籍,我便会优先阅读其他书籍。我想,通过这种方式,我的个人工作量也会得到充实。

不要给自己的未来发展设置过多的限制

总之,我很讨厌制定计划。

个人觉得保持在怀揣梦想的程度就很好,比如

"将来我要做世界第一的间谍"什么的。当然,"我"最终不会成间谍。不过,一个人可以走上一条事先规划好的道路,先是进入青年团,然后成为町议会议员,接着成为市议员、县议员、国会议员,最终成为首相。于是有的人会说"我将在二十九年内成为首相"之类的话。很多政治家似乎都选择了这条晋升之路。当然我也不太了解具体情况。

然而,一旦确定了未来发展之路后便会发现,实际上90%的人最终都无法按照既定的路线前进,获得成功的人更是凤毛麟角。想必有许多热爱文学的少年都梦想着获得芥川奖吧,同样,梦想着成为首相的政治家也不在少数。

我倒觉得早早地确定未来发展之路不完全是一件好事。因为在现实生活中,我们的既定目标有极大可能无法实现,届时遭受挫折的人们便很容易感到失落和彷徨。举个例子,假设一个人以成为日本首相为目标,而他步入老年后才绝望地发现自己根本无法实现这个目标,这时他该怎样安慰自己?又该怎样接受自己的人生呢?

我认为怀着失败也无妨的心态去做事成功率反而会很高,毕竟即便失败了也无所谓。

此外,虽然我本人不设立目标所以对此不是很清楚,但我想,一个人在完成自己所设立的明确目标时定会感到空虚吧?毕竟已经没有什么其他的事情可做了。我想这可能就是很多人在晋升至管理层后会患上抑郁症的原因吧。

我认为，如果我们不设立那么明确的目标，便会经常遇见新的状况，相应地，我们的精神状态也会更加活跃。

即便我们在青年时期就决定好了自己一生的发展之路，也依旧会陷入迷茫。这点毋庸置疑。也许只有在迷茫中不断摸索，不断拓展未来的可能性，才能充盈我们的人生。所以，还是建议大家不要过早确定未来的打算。

站在学校的角度，自然是希望大家能尽早决定自己的人生发展道路。抛开前面提到的人生二十年的概念不谈，我个人还是觉得人们在不断发现问题、思考问题的过程中前行更好。"成为公务员，四十岁之前做这些，四十岁以后做那些，六十岁以后再做这些……"制定这般的人生计划也太傻了，毕竟没人能做到完全依照计划按部就班地推进人生。

我常常向我的学生们传递与学校的愿望背道而驰的想法，即不要擅自决定自己的未来。有人说："要趁着年轻了解所有事情，尽可能和所有的人都有往来，这样就能理解人们的想法和心情。"我认为这是无稽之谈。毕竟在青年时期，有的人视野比较狭窄，有的人不擅长与某种人往来，诸如此类都是正常现象。问题在于我们能不能克服这些困难，扩展我们的视野,打开我们的交际圈。

我们总会在还年轻的时候过早地给自己贴上各种标签,比如"我不适合学科学""我对艺术类事物的审美能力不太行",等等。又或者是,"我只会这种与人交际的方式""以后我就要和这样的人谈恋爱,携手共度余生",等等。如此这般事事都贴上标签的话,从某种角度来看我们确实是更轻松了,毕竟人生的方方面面都已经定好了。不过,这些定好的条条框框会不断压缩我们人生道路的宽度。即便当初我们只是定下了一个大致的框架,在不断前行的过程中,道路也会越变越窄。与之相反,如果我们能不时发现感兴趣的事物,不时改变前进的方向,那么我们人生的道路也将逐渐变得开阔。但与此同时,因为这样的道路充满了不确定性,我们的未来也不可预测。如果能够忍受这一缺点的话,我觉得选择这种人生更有意思。

我们应如此理解正义

我希望有如下述这般受百姓爱戴的日本首相。当他接受采访时,一位记者问他:"您认为十年后日本会发展成什么样呢?"他可以回答:"只有真等到十年后才能知道日本会发展成什么样,现在真是无法制定任何有关的政策,哈哈。"只有当人们的生活文化水平达到一定程度时，国家领导才敢如此发言。如果日本果真发展到这种程度，届时连我都能当上首相。不过，若果真如此的话，恐怕我多半是无法胜任这份工作的。

我个人觉得上述这种社会发展状态是很好的。世事变幻无常，现在就预测十年后的事情并无半分益处，反而会使我们陷入长期怀疑，担忧自己是否能一直尽善尽美。不过话说回来，政治家总是会说"十年后，国家会变成这样"之类的话，以之回应人们对安定未来的期盼。但这份期盼在我眼中脆弱如幻影。

我宁愿摒弃虚幻的安定，转而寻求真正的安定。我知道这听起来像是在说大话，但若真的计较得失，我觉得这样更有利可图。不过，如果真的这样做的话，那我们注定无法成为纯粹的正义之士。但纯粹的正义也不过只是人们的幻想罢了。我认为只有尽可能摒弃幻想活下去，才算是一个成熟的人，但要做到这一点并非易事。

例如，日本国旗"日之丸"、日本国歌"君之代"的问题。我个人对"日之丸""君之代"之类的并没有什么过多的想法，我不喜欢的是国旗与国歌。我难以理解为什么大家要向一块破布鞠躬，如果是在走路或跑步时手持旗帜那倒还能接受。我总觉得嵌在墙上的布丑不堪言，虽然说不出其到底丑在何处，但在感性层面就是一点也接受不了。

在我的认知里，旗帜本应在风中肆意飘扬。但到了战争中，旗帜就成了首领的标识，或是行军时指明方向的标记。渐渐地，旗帜也成了仪式的一部分。再说国歌，若是大家边走边唱国歌的话我还能接受，但若是直挺挺地站在原地唱的话我实在接受不了。我非常讨厌这种形式主义。

在这世上，国家有国歌、国旗是极为正常的一件事情。所以日本人也普遍认为"日之丸"是理应存在之物。但我的观点却并不相同。我认为国家本身也是一个巨大的幻想。当然，如果要立马摒弃国家这个概念也是不切实际的。并且，国歌作为一个国家的象征，包含了国民对这个国家未来发展的期待，这也是事实。但在我看来，日本首相所预测的日本十年后的未来也都属于幻想。不过日本有许多人热衷于将这幻想变为现实。

确实，世间众生都依靠着各自的幻想而活，幻想给予了我们一份活下去的力量。我不认为因知晓某物是幻想后就选择无视它是现实主义，但若是沉沦于幻想之中，也不是现实主义。我想，若是能像上述这般在人生的道路上思索着前行，岂不乐哉？若是有人打着幻想都是无稽之谈的旗帜摧毁了所有人的幻想，想必会大乱吧。毕竟，如今的社会就是依靠着幻想而运转的。那种打破大众幻想的行为在我看来并非正义，不如秉持着"终究不过是幻想之间的争斗"这样豁达的人生观看待世间的种种。

有个值得信赖的首相不见得是好事

在战争时期，我曾是一名"不爱国"的少年。我发誓绝不参与战争，就连为了和平而战的说辞在我看来都满是虚伪，因为战争必定会打着和平、正义的旗号。在战时，人们唱着"为了东洋和平死不足惜"[22]"我们要替天行道，消灭不义之人"[23]等内容的歌声总是此起彼伏。

这些在我眼中皆是虚假的正义、虚假的和平。但是，我不敢暴露这"不爱国"的想法，因为我深知爱国少年的力量有多强大。那些抱着幻想而活的人的力量往往强到我们根本无法做出丝毫的反抗，像我这样与他们意见相左的人也只能苟且度日。若是当时我们主张反战与和平的话，立马就会有宪兵前来抓人。对此也只能无可奈何。

若是掀起了战争，那些爱国少年都会一起奔赴"地狱"吧。他们一点也不害怕死亡，因为他们坚信

22　出自1938年发表的日本军歌《露营之歌》。
23　出自1904年发表的日本军歌《日本陆军》。

"只要大家一起走的话就没什么好怕的"[24]。在那如地狱般恐怖的地方，如果大家不抱团的话根本无法前行。相较而言，那些说着"我不干了"，随后被下狱的人会更觉恐惧吧。人们常说"狱中十八年"[25]，但又有几人能经受得住十八年？不过，在这期间，人们虽不至于奋起反抗，却会在心中生出想要独自一人前行的想法。一般来说，当大多数人都有这种想法时，正在进行中的事情就难以妥善完成，但结果也不会坏到哪里去。

前段时间我接受了报社的采访。记者问我："您认为一国首相失去国民的信赖是件好事吗？"我回答道："我认为是件好事。"我之所以如此回复，是因为如果大家都不信赖首相的话，那么太平洋战争根本不会开战；如果大家不太信任首相的话，在战事情况不妙时就会早早打算并提出停战。所以，不怎么信赖政府的话，民众的自由度反而更高。当政府不被国民信赖时，就会涌现出大量主张各式各样意见的人，我认为这样更有益于国家的发展。

当社会中涌现出多种多样的价值观时，人们就会顾虑他人的感受，与性格不同之人打交道时，也会多

24　出自日本搞笑艺人组合Two Beat的段子，原为"闯红灯这种事大家一起就不怕了"。
25　这里指日本共产党创始人和领导者之一的德田球一曾被监禁18年的事迹。

不被信赖的政府更好

用一份心。就算难以做到,就算想要退缩,也要留存这一份用心,毕竟我们与他人交往便相当于进入了他人的领域。自然科学领域中通常会有一本关于各种注意事项的手册,手册中未提及的部分要格外小心——这与聪慧与否无关,而是用心与否的问题。所谓自由,其实就是要顾虑与用心。要调整到稍微跳出框架也可控制的程度,所以才要费心。

"不正"行为的萌芽十分重要

前段时间,一本叫作《更生辅导》的杂志委托我写一篇文章,我欣然接受了。那篇文章的主旨是要好好培育"不正"行为的萌芽。假如有一个框架,那么最糟糕的状况就是框架中的人一直不去触碰框架的边缘,反而一直雷打不动地挤在框架中心。用我们之前提到过的弥次郎兵卫理论来说的话,这种一直聚在中心不动的结构一般稳定性极差。所以,当大家都集中在一处时,其实整体并不稳定,还是分散至各处更好。我认为,人类的本性会驱使我们想要跳出框架,踏入禁区,而这种想要走出框架的念头就是"不正"行为的萌芽了。稍微跳出一点框架,察觉不对就立马回来,在边缘不停游走……这种状态我认为是不错的。虽说是"不正"行为,但像这样稍稍出界,发现不对劲时就返回界内的行为,并无半分不可。

世人有意远离边缘，将其变成了无人之境。若是我们将"不正"行为的萌芽也砍去，那就当真没有出路了。如今有了"不正"行为很是可怜，这是一条单行道，一旦跨出了边界就再无回头之路，就像"从清水舞台跳下去"[26]般无法再返还。所以，还是保持可出可进的状态比较好。我曾向一位很认真的中学教师表达我的观点："我认为偶尔在边缘徘徊也不无不可。"听后，那位老师便回答道："若真如此，您是想要我无视那些打破规则的行为吗？"

我本意并非如此。对于那些一直死守规则久居中央的人，即便老师无视他们，他们也不会想要去打破规则。而对于那些在边缘的人，老师则要睁大眼睛盯紧他们。其实，因为无法事事都设定边界，也就无法依照特定的规则行事。这个孩子还有回转的余地，所以做出一点出格的事情也无妨；那个孩子如果不加以阻止的话，可能就要做出无法挽回之事了……如此这般，老师应视每个孩子的情况做定夺。

那些在边缘徘徊的孩子更需要老师加倍细心的照顾。不过，外部规则也好，内心规则也罢，若是能把控好方向，彷徨在边缘的过程中我们的视野也将更加开阔。渐渐地，我们游走于边缘的步法定会越发熟练起来。

26　日本谚语，形容走投无路时孤注一掷的决心。清水舞台为日本京都清水寺的著名景点。

之前，我曾在茶歇时间提及过我寄宿时期的故事。当时有学生提出了自己的见解："我本以为寄宿会很自由，但寄宿以后时不时会有好友来找我玩，如此一来我就失去了自己的时间，反而不自由了。"我听后便回答道："傻瓜，这就是自由啊！"独自一人宅在母亲布置的学习房间里，锁上房门孤独地看着成人影片，这不是自由，是自闭。

其实，越是自由，便越会有各种烦恼接踵而至。不过，从结果来看，大家还是乐在其中的。因为自由可以不断开阔我们的视野。整个世界也是更自由些为好。我虽不会说为了正义之类的大话，但我确实认为自由是对社会发展极好的一件事。

生活，不必拘泥于框架

人常有自相矛盾的时候。想必大家对此都深有体会，我也无半分惊讶。然而，仅自己一人得知某件值得惊讶的事情也未免过于无趣些。若是周围有人能附和你："真的假的？"便会有意思许多。不过，若是越来越多的友人都知晓此事，最终演变成人人皆知的情况，也就没意思了。有些东西只有自己一个人知道没意思，不广而告之的话便了无生趣，可见人既想在对信息差的掌握上优于旁人，又不希望只有自己独享这种特权。

我们在思考问题的时候想必都有一套固定的思维模式吧。但当我们发现还有其他不同的思维模式时，就会惊讶于自己原有的思维模式出现了松动。例如，当人们一致认为太阳围着地球转时，若有人提出"其实是地球围着太阳转"的说法，便会极具震撼力。伽利略之所以伟大，正是因为当时的人们都不相信"日心说"。

板仓圣宣[27]一派最近的主推理论是：昆虫本应有六只足，但蝴蝶这一物种根据种类的不同，也有不少是四只足的，这是因为这些蝴蝶的两只前足退化了。我不太记得这种蝴蝶是不是蛱蝶了，但如果我告诉你某种蝴蝶有四只足的话，你一定会觉得很不可思议吧。这个冷知识现在好像火了起来，不过若是因此而人人皆知的话倒也无妨。但若是学校出考题考大家："下列蝴蝶中，六足的请画圈，四足的请画三角。"那就索然无趣了。如果大家在学校里学到的都是昆虫有几只足，而后在未来的某一时刻了解到颠覆之前所学的知识内容，那才叫有趣呢。

总之，这真是一个很奇怪的现象，人类如果没有稳定的框架就无法生存下去，但又乐于打破框架。若一个人一直固守成规的话，那他在现实生活中是很难活下去的。尤其是上了年纪以后，会越发觉得艰难，

---

27 日本教育家，主要从事科学教育。

因为这类人未来的道路极易变得狭长又阴暗。最近，有人提出要尽可能跳出自己的舒适圈。若是一生都能如这般不拘泥于旧有框架的话，或许会延年益寿，尤其是到了知命、花甲之年，便会明白这是多么切实的问题。

对于年轻人来说，与其考虑自己长大以后会变成什么样子，还不如在当下自由自在地生活，不拘泥于条条框框。这样一来，到老年时或许也能活得更轻松一些。这其实也可以作为我们的人生目标。毕竟，无论我们拥有多少丰功伟绩，终究还是会老去，变成一个个老爷爷老奶奶。

经历的两面性——好坏混杂

关于对老年生活有何想法这个问题，我个人是不会去提前规划自己的老年生活的，也认为随心所欲、任时光流逝慢慢老去才是最佳状态。虽不知最终能否如愿过上这种老年生活，但我仍希望自己能长寿，即便如鸭长明[28]那般一生不得志却也能依旧顽强地活着。虽然有时代与个人的差异，但许多人曾在十几二十岁的年纪对老年有过憧憬吧？我个人也曾有过类似的感觉。仿佛少年身躯里住着一个苍老的灵魂，多多少少

28　日本平安时代末期至镰仓时代初期的作家与诗人。

有一种正因为与自己不同，反而更有吸引力的感觉。

所以，现在开始从精神上把握老年吧。太宰治也好，中原中也[29]也罢，他们年轻时身上都有老年人的影子。当然，这也可能与他们所处的时代有关。

我认为所谓的"青春正红"是一个谎言。青春多多少少会有些波折，会经历一些阴暗时刻，仰慕如老者灵魂般的事物，等等。在我看来，经历过上述这般曲折与阴暗的时刻更益于我们人生的发展。话说回来，在一些早熟中学生群体中竟曾盛行过谷崎润一郎的《阴翳礼赞》这类的书籍。不过，这也许是昭和初期文学少年独有的现象。

青春本就充斥着种种迷茫，有着万般苦恼，但人们总是反其道而行之，想要将自己强行塞进"年轻"这一框架之中。不过即便如此，每个人的经历也仍是各不相同的。

我认为经历并无好坏之分。因为无论是何种经历，皆杂糅着好的一面与不好的一面。其实，我们只要将这些经历转化为前进的助力即可。当然，经历中定会包含难以转化为助力的部分。但若是我们能将其转化成功的话，也许会大有裨益。所以，这部分也值得我们竭尽所能努力一番。

29　日本诗人、翻译家，被誉为"日本的兰波"，代表作有《山羊之歌》等。

产品经理：邵嘉瑜
视觉统筹：马仕睿 @typo_d
印制统筹：赵路江
美术编辑：梁全新
版权统筹：李晓苏
营销统筹：好同学

豆瓣 / 微博 / 小红书 / 公众号
搜索「轻读文库」

mail@qingduwenku.com